놀다보니
한글이 똑!

놀다보니
한글이 뚝!

초판 1쇄 발행 2018년 10월 2일
초판 2쇄 발행 2022년 5월 23일

지은이 이정민
펴낸이 김은선

펴낸곳 초록아이
주소 경기도 고양시 일산서구 주화로 180 월드메르디앙 404호
전화 031-911-6627
팩스 031-911-6628
등록 제410-2007-000069호 (2007. 6. 8)

ISBN 978-89-92963-73-2 13370

푸른육아는 도서출판 초록아이의 임프린트로 육아서 브랜드입니다.

＊ 잘못된 책은 바꾸어 드립니다.

아이와 엄마가 행복한 한글떼기

놀다보니 한글이 뚝!

이정민 지음

푸른육아

엄마도 아이도 재미있고
행복하게 한글 똑 떼기

사랑스런 아이가 태어났다. 눈만 마주쳐도 '엄마 미소'가 절로 나오는 신생아기, 따로 알려주지 않아도 척척 발달 과정을 밟아가는 유아기, 그런 아이들을 보며 감탄하기 바빴던 엄마들도 한 해 한 해 아이가 커갈수록 학습에 대한 부담감은 커져만 간다.

특히 한글떼기는 많은 엄마들에게 고민이자 걱정거리가 아닐 수 없다. 언제 시작해야 하는지, 어떤 방법으로 진행해야 하는지, 엄마표로 진행할 것인지, 전문가에게 맡길 것인지, 통문자로 시작해야 하는지, 자모음 조합 원리를 알려주어야 하는지를 결정하는 일은 그리 단순하지 않다.

우리 아이들이 한글을 일찍 뗐다는 사실을 아는 주변 엄마들이 종종 나에게 한글떼기에 대한 고민을 털어놓는다. 그럴 때면 나는 놀이로 진행해 보라고 제안하는데, 대부분은 난색을 표한다. 이유인즉, 아이가 한글을 너무 싫어해서 직접 가르칠 엄두가 나지 않는다는 것이다.

한 엄마는 엄마표로 한글떼기를 진행했는데, 자꾸 아이에게 화를 내게 되어서 선생님을 불렀다고 한다. 한글떼기로 인해 아이와의 관계까지 어긋나게 된다면, 전문가에게 맡기는 것도 좋은 방법일 수 있다. 엄마는 엄마 역할만 충실히 하고 학습의 영역은 선생님에게 맡기는 것이다. 하지만 생각보다 비싼 수업료에 망설여지는 것도 사실이다.

그렇다면 경제적으로 부담되지 않으면서, 아이와 엄마 모두가 행복해지는 한글떼기는 없을까? 아이와 사랑이 넘치는 시간도 갖고 한글까지 똑 뗄 수 있는 방법 말이다. 나는 그 해답을 재미있는 놀이에서 찾았다. 아이가 한글을 배운다는 마음조차 들지 않게, 자연스러운 놀이로 한글을 떼어주는 것이다. 그 과정에서 엄마와 아이 사이의 끈끈한 애착 형성은 보너스다.

그렇게 한글을 익힌 아이는 배움을 즐기는 아이로 자라게 된다. 한글은 아이와 세상을 연결하는 새로운 통로가 될 것이다. 한글을 뗀 아이들은 이 강력한 수단을 이용하여, 또 다른 세상과 마음껏 소통하며 자신의 관심 분야를 확장해 나갈 것이다.

이 책이 나오기까지 많은 분들의 격려와 지지가 있었다. 나를 포함한 모든 사람이 고유하고 존귀하다는 것을 깨닫게 해준 푸름이 부모님께 감사드린다. 아울러 원고를 받고 적극적으로 책을 출판해 준 푸른육아에도 감사드린다. 타인을 위한 나눔에 진정성이 있다면 어떤 선택도 괜찮다는 것을 알려준 부영 언니에게도 감사함을 전한다. 나에게 푸름이닷컴을 소개해 준 큰언니와 항상 밝고 긍정적인 에너지를 주려고 노력하는 쌍둥이 언니에게도 감사함을 전하는 바다. 나와 다른 육아관을 가졌음에도, 나를 믿고 따라와 준 남편에게도 사랑과 감사를 표한다. 또한 조금은 유별나 보이는 나의 육아를 묵묵히 지지해 준 부모님과 시부모님께도 이 자리를 빌려 감사한 마음을 보낸다.

마지막으로 나의 상처를 치유할 수 있게 도와주었으며, 일상의 소중함을 깨닫게 해준 우리 두 아이에게 감사의 인사를 남긴다. 존재로 사랑하고 사랑받을 수 있음을 알게 해준, 가장 고마운 스승, 나의 아들 딸 이예준, 이예슬에게 무한한 사랑을 표한다.

또한 이 책을 읽는 모든 이들이 행복하기를 진심으로 기도한다. 때로는 힘들지만 눈부시게 찬란한 육아의 길에 서 있는 이 땅의 모든 부모들에게 힘내라는 따뜻한 응원의 메시지를 건네고 싶다.

이정민

아이에게는 매 순간이 배움이다

마음을 설레게 하는 책입니다.

이 책을 읽은 부모로 인해 얼마나 많은 아이들이 배움을 좋아하는 아이로 자랄지 생각하면 기쁘고 행복하기만 하네요.

"보편적인 신학은 불가능하지만, 보편적인 경험은 가능할 뿐 아니라 반드시 필요하다."

우리 모두는 하나이기에 이 책의 경험은 우리 모두가 가능한 경험입니다.

우리가 올림픽에서 선수들이 신기록을 세우면 열렬히 환호하고 기뻐하는 이유는 우리 모두인 인간의 잠재 가능성을 검증하며 새로운 가능성을 열어주기 때문이지요. 마찬가지로 이 책은 우리 아이들인 무한계 인간의 잠재 가능성을 현실로 만들어주고 있습니다. 그러니 함께 기뻐하는 것이지요.

저는 저자를 오랫동안 지켜본 사람으로서 어떤 마음으로 아이를 키웠는지 알고 있습니다. 아이들을 배려 깊은 사랑으로 키우면서 엄마인 자신도 성장해야 했던 눈물과 인고의 시간이 함께했지요.

저자는 세쌍둥이의 막내로 태어났습니다. 태어나 봐야 세쌍둥이 모두 죽는다고 했기에 부모님은 기저귀조차 준비하지 않았다고 합니다. 그러나 다행히 세쌍둥이 모두 건강하게 태어났습니다. 그런데 "이왕 살았으면 고추나 달고 나오지."라는 할머니의 말에 한 번 더 존재의 부정을 당해야 했지요. 축복 속에서 태어난 것이 아니라 태어나기 전부터 존재의 부정을 경험한 것입니다.

그러했기에 저자는 필사적으로 아이를 있는 그대로 사랑하겠다는 선택을 했고 실천했습니다. 아이들을 어떻게든 부정하지 않으려고 깨어 있었지요. 과거를 용서하고 놓아버리면서 미래의 두려움 없이 현재를 살기 위해 울부짖던 저자의 모습을 또렷하게 기억합니다.

내가 만나본 저자의 두 아이, 예준이와 예슬이는 경이로운 아이들입니다. 예준이는 17개월에 엄마에게 책을 읽어주었지요. 남자아이가 17개월에 한글을 깨치고 엄마에게 책을 읽어준다는 것은 일반적으로 상상할 수 없는 일입니다. 글을 눈으로 읽는 것은 감각의 영역이고 말을 하는 것은 운동의 영역이기에, 엄마에게 책을 읽어주려면 감각의 영역과 운동의 영역이 함께 발달해야 하니까요.

이론상으로는 충분히 가능하다고 알고 있지만, 실제로 아이가 엄마에게 책을 읽어준 순간, 우리 모두의 아이들에게는 새로운 가능성이 열린 것입니다.

지금 예준이는 6개 언어를 구사합니다. 제가 사람들에게 저 아이가 6개 언어를 구사한다고 소개하면, 저자는 좀 더 정확하게 표현해 달라는 요청을 하지요.

"영어와 중국어는 우리말처럼 구사하고, 일본어, 스페인어, 이탈리아어는 확장 중에 있어요."

그렇다고 부모가 영어를 잘하는 것도 아닙니다. 부모가 아이에게 영어로 질문할 수 있을 정도로 영어에 능숙한 것이 아니기에 예준이는 영어 표현을 잘 안 했습니다. 동생인 예슬이가 원어민처럼 영어를 하기 시작하니까 둘이서 재미있게 영어로 대화를 나누기 시작한 것입니다. 무슨 말인지 알아듣지 못하는 엄마는 통역을 해달라고 말할 수밖에 없지요.

이전에 어떤 장기자랑 모임에서 예준이가 노래하며 춤추는 시끌벅적한 환경에서 집중력을 잃지 않고 자신이 만들어낸 공식으로 고난도의 큐브를 맞추는 모습을 인상 깊게 본 적이 있습니다.

예준이는 아이의 순수함을 그대로 간직한, 남을 배려하는 부드러운 아이입니다. 감정이 풍부하기에 그냥 지켜보는 것만으로도 좋은, 그런 아이지요. 지성과 감성이 조화로운 인재가 아닐 수 없습니다. 앞으로 어떻게 성장할지 무척 궁금합니다.

이 책은 반짝반짝 빛나는 두 아이를 키운 보편적 경험에 관한 기록입니다. 17개월 아이가 어떻게 엄마에게 책을 읽어줄 수 있을까요? 이 책을 읽다보면 저자가 아이들에게 준 일상의 환경 속에서 어떤 지혜로 다가갔는지 알 수 있을 것입니다.

엄마는 아이와 매 순간 재미있게 놀았습니다. 아이는 노는 것이 배우는 것입니다. 아이에게 놀이는 엄마의 사랑이지요. 조금도 학습에 대한 강요 없이 놀았는데 아이는 이미 모든 것을 다 흡수하고 스스로 확장을 해나갔습니다.

부모가 해준 것은 아이를 있는 그대로 사랑하면서 아이의 위대한 내면의 힘이 발현될 수 있는 환경을 만들어준 것입니다. 아이들의 성향에 맞추어 구체적이면서 체계적인 놀이로 한글을 주고 배움의 즐거움을 알려주었기에 한 줄 한 줄 놀라움과 감탄의 마음으로 읽었습니다.

저자의 경험은 푸름이닷컴의 먼저 지나간 선배들이 나누어준 것 위에 기초를 세웠습니다. 수많은 사람들의 경험을 받아들이고, 저자가 새롭게 정리하고, 일상에서 아이를 키우면서 적용하고 창조하였기에 이 책에는 집단의 지혜가 담겨 있습니다. 이론이 아니라, 실제 그렇게 하면 모두가 그렇게 되므로 보편적 경험이라고 표현한 것입니다.

교육이 아이의 내면에 있는 위대한 힘을 이끌어내어, 자신이 고귀하고 장엄한 존재이며, 사랑 그 자체라는 것을 알게 하는 것이라면 우리는 아이를 키우면서 누구와 비교하거나 불안해하지 않을 것입니다. 또한 우리 모두가 이러한 의식에 이른다면 교육제도가 어떻게 변하든 신경쓰지 않을 테지요. 아이의 눈빛과 일상에서 부모는 아이의 힘을 느끼기에 아이를 믿을 수밖에 없습니다.

푸름이교육의 또 다른 사례로 배려 깊은 사랑을 구체화하여 현실적인 한글 놀이 방법을 알려줄 뿐만 아니라, 존재 그 자체로 사랑받은 아이들이 어떻게 성장하는지를 기록하고, 이를 책으로 써 우리 모두에게 나누어준 저자의 사랑에 깊은 감사를 보냅니다.

푸름아빠 최희수

contents
· · · · · · · · · ·

· 행복한 한글떼기를 위한 육아원칙 ·
1장
한글떼기보다
'배려 깊은 사랑'이 먼저다

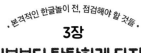

· 쉽고 재미있게 한글떼기 기본기 익히기 ·

2장
일상 속에서 자라는
아이의 언어 감각

· 본격적인 한글놀이 전, 점검해야 할 것들 ·

3장
기본부터 탄탄하게 다지는
한글떼기 워밍업

· 쉽게 따라 할 수 있는 실전 한글놀이 ·

4장
우리 아이의 기질에
딱 맞는 맞춤형 한글놀이

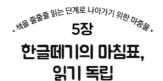

· 책을 줄줄줄 읽는 단계로 나아가기 위한 마중물 ·

5장
한글떼기의 마침표,
읽기 독립

자 전 거

한글떼기보다 훨씬 중요한 것이 엄마와 아이의 관계임을
잊지 말자. 꼭 배려 깊은 사랑이 아니더라도,
각자의 기준에서 좋은 엄마가 되는 것이 한글떼기보다 중요하다.
우리 집의 경우, 배려 깊은 사랑이 가장 최우선 순위였고, 일상생활에서의
놀이와 책 읽기가 그 다음 순위, 마지막이 한글떼기였다.

1장

한글떼기보다
'배려 깊은 사랑'이 먼저다

우리는 누구나 다 좋은 엄마가 되기를 희망한다. 나 역시 아이를 임신하고 출산할 때까지 좋은 엄마가 될 거란 사실을 의심하지 않았다. 하지만 막상 아이를 낳고 보니 체력적인 한계에 부딪히는 것은 물론, 정신적인 한계에도 부딪혔다. 인내해야 할 것 투성이인 데다가 '나 자신이 이것밖에 안 되나.' 하는 자괴감에 빠지기도 했다. 그렇다고 마냥 주저앉아 울 수는 없는 일이다. 왜냐하면 나는 다른 사람도 아닌 아이의 엄마이기 때문이다. 엄마라는 이름이 주는 무게가 힘겨운 것도 사실이지만, 모순되게도 엄마라는 이름이 주는 파워는 그 무엇보다 강하다.

아이를 위해 못할 것이 없는 엄마라지만, 엄마도 사람이기에 모든 면에서 완벽할 수는 없다. 아홉 가지를 잘하고 단 한 가지만 못해도 '난 부족한 엄마야.', '난 엄마 자격이 없어.' 하며 스스로를 비난하게 된다. 나 또한 완벽주의에 갇혀서 부족하다고 여기며 한없이 자책하던 엄마였다.

하지만 바꿔 말하면, 내 아이에게만큼은 모든 것을 다 해주고 싶기 때문에 완벽하길 원하는 것이다. 그러나 그것은 현실적으로 불가능하므로 좌절하게 된다. 즉 아이를 사랑하고 아끼는 마음이 있기에 완벽주의를 추구하고 자책도 하는 것이다. 그런 애씀과 후회들이, 같은 실수를 반복하지 않으려는 노력을 만든다. 노력하는 것만으로도 당신은 이미 좋은 엄마다.

완벽한 엄마가 되지 않아도 된다는 사실을 받아들이면 마음의 부담은 확연히 줄어든다. 부족할 수 있음을 인정하고, 부족해도 괜찮다는 것을 받아들이자. 그런 다음, 자신이 허용할 수 있는 한계를 정하고, 좋은 엄마의 기준을 세워보자. 스스로 정한 기준만큼은 지키기 위해 노력하면 된다. 자신이 가장 자신 있고 잘하는 것들 위주로 당장 할 수 있는 것들을 실천하면 되는 것이다. 한때 완벽주의를 추구했던 내가 완벽하지 않아도 됨을 알고 나서 얻은 마음의 평화는 노벨 평화상급이다.

♥ 아이가 사랑받고 있다고 느낄 때

각자 기준이 다르겠지만, 내가 생각하는 좋은 부모의 시작은

'배려 깊은 사랑'이다. 배려 깊은 사랑은 아이를 존재 자체로 사랑하는 것, 즉 조건 없는 사랑을 말한다. 아이는 엄마를 무조건적으로 사랑한다. 여태껏 아이가 엄마에게 주는 만큼의 큰 사랑을 받은 적이 있던가? 내 눈빛을 들여다보고, 내 이야기를 온몸으로 경청해 주고, 내 슬픔을 함께 슬퍼하고, 내 기쁨이 곧 자신의 행복인 '아이'야말로 조건 없는 사랑의 실체이자 선물이다.

나는 《배려 깊은 사랑이 행복한 영재를 만든다》와 《푸름이 이렇게 영재로 키웠다》를 읽으면서 배려 깊은 사랑에 대한 개념을 알게 되었다. 이 두 책은 배려 깊은 사랑을 생활 속에서 어떻게 실천해야 하는지 확실히 알려주었다.

부모는 아이에게 사랑을 주고 있다고 생각하지만, 아이는 사랑받는다고 느끼지 못하기도 한다. 아이가 부모에게 사랑받았다고 느끼는 기준은 다음과 같다.

1 부모가 아이의 눈빛을 바라보았는가?

2 부모가 아이의 이야기에 경청해 주었는가?

3 부모가 아이의 감정에 공감해 주었는가?

4 부모가 아이와 함께 몸을 부대끼고 놀았는가?

이 네 가지 사랑을 받아보았느냐는 질문을 받는다면 나는 받아보지 못했다. 내가 자라던 시대만 해도 잘 먹이고, 잘 입히고, 잘 교육시키는 것이 부모가 줄 수 있는 사랑이었다.

요즘은 물질이 풍요로운 시대이므로 아이의 자존감, 공감 대화, 생활놀이, 오감 발달 등에 신경을 쓰지만, 우리 부모님 세대만 해도 그런 것을 보살필 여력이 없었다. 엄마가 해준 따뜻한 밥 한 끼도 사랑이었고, 없는 살림에 문제집 한 권 더 사주고, 학원 한 곳이라도 더 보내려던 마음도 최선의 사랑이었다. 출장 다녀오던 길에 아빠가 사왔던 빵 한 봉지도 사랑 없이는 불가능했다.

반면, 요즘은 아이를 먹이고, 입히고, 재우고, 사교육시키는 것만으로는 부족하다. 애착 육아를 해야 하고, 공감 대화를 해주어야 한다. 받아본 적 없는 방식의 사랑을 아이에게 준다는 것은 참으로 어려운 일이다. 이미 부모에게 받아서 몸에 밴 것들을 의지로 고쳐나간다고 해도 한계가 있기 마련이다.

하지만 부모인 우리도 조건 없는 사랑을 아이에게서 받고 있다는 사실을 기억하자. 아이들은 엄마가 학벌이 좋지 않아도, 음식을 잘 못해도, 정리정돈하는 데 미숙해도 무조건적으로 사랑한다. 심지어, 엄마가 화를 내고 짜증을 부려도 말이다.

수시로 눈을 맞추고 미소로 화답해 주는 사람도, 내 이야기를 끝없이 진지하게 경청해 주는 사람도, 나의 슬픔을 함께 아파하고 내 기쁨이 곧 자신의 행복인 사람도, 평생 받을 스킨십을 몇

년 만에 몽땅 쏟아부어주는 사람도 모두 '아이'이다. 우리가 엄마라는 이유로 아이는 아무 조건 없이 큰 사랑을 나누어준다. 아이가 주는 그 사랑에 감사하며, 아이를 존중하고 사랑해 주자.

나는 집에 '배려 깊은 사랑'을 실천하는 11가지 세부사항을 적어서 붙여두었다.

배려 깊은 사랑 실천법

1 아이를 존재 자체로 사랑하라.

2 아이를 하나의 인격체로 존중하라.

3 일관된 방식으로 양육하라.

4 아이의 눈빛을 예민하게 따라가라.

5 아이의 감정을 공감하라.

6 아이를 믿고 기다려라.

7 확인하지 마라(아웃풋을 기대하지 마라).

8 몰입을 방해하지 마라.

9 자주 스킨십을 해주고 사랑한다고 표현하라.

10 아이 앞에서 부모가 다투지 마라.

11 긍정적으로 생각하고 이야기하라.

나는 이것들을 지키기 위해 노력하고 있다. 잘 지켜지는 것도 있는 반면, 여전히 어려운 것들도 있다. 하지만 기준을 정하면 육아가 한결 쉬워진다. 기준을 정하기가 어려울 때도 있다. 그럴 때는 자신이 어릴 때 받고 싶었던 사랑을 생각해 보면 정답이 나온다.

우리 집의 경우, '배려 깊은 사랑'이 가장 최우선 순위였고, 일상생활에서의 놀이와 책 읽기가 그 다음 순위, 마지막이 한글떼기였다. 한글떼기보다 훨씬 중요한 것이 엄마와 아이의 관계임을 잊지 말자. 꼭 배려 깊은 사랑이 아니더라도, 각자의 기준에서 좋은 엄마가 되는 것이 한글떼기보다 중요하다.

♥ 아이를 존재 자체로 환영해 줄 것

존재 자체로 환영한다는 것은 무슨 말일까? 말 그대로 아이를 있는 그대로 환영해 주는 것이다. 아이가 아들이든 딸이든 둘째든 셋째든 말이다.

나는 어렸을 때 존재 자체로 환영받지 못했다. 세쌍둥이인 데다 심지어 이미 오빠와 언니가 있었다. 부모님은 고향에 있던 모든 산부인과를 돌아다녔지만, 하나같이 병원에서는 아이들이 기형아일 뿐만 아니라, 태어나도 곧 죽을 거란 말을 했다. 엄마는 여러 번 선택의 갈림길에 설 수밖에 없었다.

제왕절개 수술을 해야 하는데, 해준다는 병원이 없어서 8개월 되던 때 겨우 수술을 할 수 있었다. 의사들은 어차피 태어나봐야 죽을 거라며 기저귀조차 준비하지 말라고 했다. 변변한 배냇저고리도 없이 우리 세쌍둥이가 태어났고, 세 아이 모두 건강했다. 딸 둘에 아들 하나. 그런 나에게 할머니는 "이왕 죽지 않을 거면 고추나 달고 태어나지."라는 말로 또 한 번 내 존재를 부정했다. 이후 자라면서 받은 남녀 차별의 상처는 지금까지 아픔으로 남아 있다.

심리서에 나와 있듯이 부모에게서 받은 존재 자체로의 부정은 큰 상처로 다가온다. 부모조차 내 존재를 인정하지 않은 것이므로 아이는 자라면서 스스로 존재 가치를 찾기 위해 끊임없이 방황하게 된다. 이런 출생의 아픔은 내 존재 가치를 찾기 위해 끊임없이 방황하게 만들었다. 존재 자체로의 환영은 그만큼 중요하다.

♥ 아이를 존재 자체로 환영해 주지 못했다면

나는 존재 자체로 환영받지 못했기 때문에 내 아이만큼은 아들 딸 구별 없이 사랑하고 환영해 주어야겠다고 마음먹었다. 기다리고 기다렸던 아이가 찾아온 날 정말 기쁘고 행복한 마음뿐이었다. 그렇게 나는 아이를 존재 자체로 환영해 줄 수 있었다.

그런데 둘째 이야기는 좀 달라진다. 나는 다섯 명의 형제들 틈에서 비교를 받으며 자랐기에 아이 또한 그러한 상처를 받을까 봐 하나만 낳을 생각이었다. 그러다 첫째아이가 세 번째 생일이 되었을 때 둘째아이가 찾아왔다. 머리로는 둘째아이도 환영하겠다고 마음먹었지만, 속마음은 갑자기 찾아온 아이가 원망스러웠다. 가장 가슴 아팠던 존재로의 부정을 내 아이에게 똑같이 주었다는 죄책감은 감당하기 힘들었다. 그런 마음이 들 때면 미안함에 눈물이 흘렀다. 그렇게 울면서 아이를 받아들였다. 눈이 하나라도, 팔이 하나라도 널 사랑하노라고…….

둘째아이가 태어났다. 걱정과는 달리 너무 예쁘고 사랑스러웠다. 이렇게 작고 예쁘고 사랑스러운 아이가 내 아이라니…… 온 세상에 자랑하고 싶었다. "여기 좀 보세요. 이렇게 예쁜 천사가 바로 제 아이예요."라고 말이다.

둘째아이는 엄청 순한 편이었는데, 자다가 가끔 정말 서럽게 울었다. 내가 아이를 임신하고 울었던 그 짐승의 울음을 갓난아이에게서 보았다. 슬픔과 서러움 가득한 울음을 아이도 똑같이 터뜨렸다. 당시 몸조리를 도와주던 시어머니도 애가 참 서럽게도 운다고 말씀하실 정도였다.

나는 알았다, 그 울음의 의미가 무엇인지……. 존재로 거부받은 작은 영혼의 울음, 바로 그것이었다. 난 아이가 그럴 때마다 꼭 안고 속삭여주었다.

"아가…… 우리 예쁜 예슬이…… 엄마가 미안해. 엄마가 널 늦게 알아봐줘서 미안해. 이렇게 엄마한테 와줘서 정말 고마워……. 엄마가 그렇게 널 거부했는데도 찾아와줘서 정말 감사해. 엄마가 많이 미안했어. 널 반겨주지 못해서…… 알아주지 못해서……. 그리고 고마워. 이렇게 엄마를 선택해 줘서. 정말 사랑해. 우리 예쁜 아기……."

그렇게 말해 주면 신기하게도 서러운 울음을 그치고 새근새근 잠들었다. 아이가 깨어 있을 때든, 자고 있을 때든 매일매일 이 말을 해주었다. 엄마한테 와줘서 고맙다고. 엄마를 찾아와줘서 정말 감사하고 행복하다고.

7~8개월이 흐르고 나니 아이는 서러운 울음 대신 방긋방긋 웃는 잠꼬대를 하기 시작했다. 얼마나 감동스러웠는지 모른다.

혹시 나처럼 아이를 존재로 환영해 주지 못해서 가슴 아파하고 있다면 진심으로 사과하고 사랑한다고 말해 주자. 아이는 부모보다 강하고 유연하며 회복력이 뛰어나다.

몸과 마음이 건강한 아이로 자라는 태교

우리나라는 다른 나라와 다르게 태어나자마자 한 살을 부여한다. 아이가 엄마 뱃속에서 지내는 시간도 소중하게 여기기 때문일 것이다. 이런 사고는 다양한 태교 방법을 만들었고, 최근엔 과학적으로도 태교의 중요성이 입증되었다. 바른 태교는 신체적으로 예쁘고 건강한 아이를 태어나게 할 뿐 아니라, 세상을 따뜻하고 편안한 마음으로 바라볼 수 있는 근간이 된다는 점에서 중요하다. 내가 실천했던 태교를 소개한다.

✔ 하나, 마음을 편안하게 한다

좋은 것만 보고, 듣고, 말하고, 먹으라는 태교! 쉬운 말처럼 들리지만, 어떤 사람에게는 태교가 부담스러울 수 있다. 이처럼 태교하는 것이 스트레스라면 어떻게 해야 할까? 내가 생각하는 가장 좋은 태교는 엄마가 행복한 것이다. 억지로 하는 태교보다는 엄마 마음이 편안한 것이 제일이다. 클래식을 듣는 것이 좋다지만, 평소에 듣지도, 좋아하지도 않는 클래식을 듣느라 스트레스를 받는다면 차라리 예능 프로그램을 보며 한바탕 웃는 게 엄마와 뱃속 아이에게 유익하다고 생각한다.

✔ 둘, 아이를 존재 자체로 사랑한다

아이를 존재 자체로 사랑하는 것은 태교 중에서도 으뜸이다. 내가 아이들에게 가장 많이 했던 태담은 "수리야, 푸리야, 이 세상 모든 행복은 다 네 거야. 이 세상 모든 즐거움도 다 네 거야. 이 세상 모든 기쁨도 다 네 거야."였다. 아이가 태어난 뒤 처음으로 건넨 말도 "안녕! 너는 정말 완벽하구나."였다. 여전히 시행착오를 겪는 엄마지만, 이런 말들이 아이가 잘 자라는 데 큰 힘이 되었다고 생각한다.

✔ 셋, 좋은 음식을 먹는다

첫째아이를 임신했을 때는 정말 예쁘고 좋은 것들만 챙겨먹었다. 고춧가루, 커피, 탄산음료, 회, 밀가루 등 임산부에게 좋지 않다는 것은 입에도 대지 않았다. 하지만 지금은 좀 더 유연하게 생각하기로 했다. 기본적으로 몸에 좋은 것만 챙겨먹되, 먹고 싶은 것을 참느라 스트레스를 받는다면 한번씩 먹어도 괜찮다고 생각한다.

그렇게 생각하게 된 계기가 있다. 둘째아이를 임신했을 때였다. 흔히 입덧이라 하면 식욕이 떨어지고 잘 못 먹는 입덧을 생각하지만, 계속 음식을 먹게 되는 입덧도 있다. 내가 그런 입덧을 했는데, 유독 임신해서 먹으면 좋지 않은 것들만 입에 당겼다. 먹고 싶은 것을 참으려니 엄청난 스트레스가 되어 자궁수축으로 배뭉침까지 왔다. 그럴 바에는 차라리 먹고 싶은 것을 가끔 먹는 게 낫다는 생각을 하게 되었다.

여담이지만 첫째아이를 임신했을 때는 신 것이 당겨서 신 과일만 먹었고, 둘째아이를 임신했을 때는 달고 매운 것이 당겨서 도저히 참기 힘들 때 가끔 먹었다. 그랬더니 첫째아이는 지금도 신 것을 정말 잘 먹는다. 과일도 오로지 신 과일만 먹는다. 그리고 매운 걸 아예 못 먹는다. 반면, 둘째아이는 신 과일은 입에도 못 대고 단 걸 좋아한다. 게다가 아직 세 돌도 안 됐는데 김치볶음밥을 먹을 정도로 매운 것도 잘 먹는 편이다. 아이가 뱃속에서 양수를 통해 엄마가 먹은 것을 맛보고 기억하고 있다는 사실이 신기했던 순간이다. 그리고 태교의 중요함도 느낄 수 있었다.

♥ 넷, 책을 읽어준다

나는 단순하게도 뱃속 아이에게 책을 읽어주면 좋다고 해서 책을 읽어주었다. 첫째아이를 임신했을 때는 남자아이가 주인공인 《사랑해, 사랑해, 사랑해》라는 책을 매일 읽어주었고, 둘째아이를 임신했을 때는 여자아이가 주인공인 《사랑해 모두모두 사랑해》라는 책을 매일 읽어주었다. 남자아이, 여자아이 둘 다 나오는 《사랑해 자장자장 사랑해》를 읽어주기도 했다. 태교책이나 육아서들 위주로 많이 읽었는데, 가끔은 좋아하는 작가의 소설도 가볍게 읽었다.

하루에 한 시간씩 영어 동화책을 읽어주기도 했다. 아이가 영어를 잘했으면 좋겠다는 마음에서 읽어준 게 아니라 재미있어서 읽어주었는데, 아이가 영어책을 거부감 없이 받아들이는 데 도움이 된 듯하다. 억지로 읽어준 게 아니어서 마음의 부담 없이 재미있게 진행했다. 임신 후반에는 숨이 가빠서 책을 읽어주는 것 자체가 힘들었기 때문에 CD를 듣기도 했다. 요즘 나오는 태교 영어책에는 대부분 CD가 들어 있어서 편리하게 활용할 수 있다.

♥ 다섯, 음악을 듣는다

태교 음악의 대표격인 클래식 음악도 자주 들었지만, 클래식 음악만 들어야 되는 건 아니다. 엄마가 좋아하는 음악을 아이와 함께 들으면 된다. 잔잔한 클래식 음악을 들으면서 마음을 편안하게 하는 것도 좋은 반면, 신나는 댄스 음악에 맞춰 즐겁게 청소하는 것도 아이에게는 신선한 자극이 된다. 아이들이 좋아할 만한 동요도 들으면서 유년 시절의 추억에 잠겨 보는 것도 추천한다.

✔ 여섯, 태담을 들려준다

태담 시간을 따로 정하기보다는 생각날 때마다 수시로 말을 걸어주었다. 음식을 먹다가도 "엄마는 지금 복숭아를 먹고 있어. 새콤달콤하지? 복숭아 속에는 우리 몸에 좋은 비타민이 많이 들어 있단다."라고 이야기해 주었다.

목욕을 할 때는 "따뜻하지? 이건 물이라는 거야. 지금 네가 있는 곳에도 똑같은 물이 있단다. 소리 들리니? 빗소리와 비슷하지? 아니, 네가 있는 곳에서는 천둥소리처럼 들릴지도 모르겠다. 샤워하고 나서 엄마랑 보건소에 갈 거야." 하면서 엄마의 일상을 자연스럽게 알려주면 부담스럽지 않게 태담을 할 수 있다.

태동이 있을 때는 "잘 잤니? 이제 일어났어?" 하고 반갑게 인사도 해주었고, 임신 후반부에는 아이의 태동이 느껴질 때면 같이 놀 수 있는 기회를 삼았다. 아이가 태동이 있는 반대쪽 배를 통통 쳐주면 아이가 꿈틀꿈틀대는데, 다시 아기가 있는 쪽을 통통 쳐

주었다. 그런 다음 또 다른 곳을 통통 치면서 아이와 교감하는 시간을 가질 수 있다. 아빠와 셋이 한다면 더욱 행복한 시간이 될 것이다. 아이는 중저음의 아빠 목소리를 더 잘 들을 수 있다고 하므로 아빠의 태담도 많이 들려주자.

♥ 일곱, 다양한 경험과 체험을 한다

나는 겁이 많고 정적인 성격이라 임신 중엔 여행을 거의 가지 않았지만, 여행을 떠나는 것도 추천한다. 기분 전환도 되고, 새로운 것을 보고 느끼면서 추억을 쌓을 수 있기 때문이다. 요즘은 국내 여행뿐 아니라 해외로 태교 여행을 떠나기도 한다. 다만 장거리 여행이나 해외 여행의 경우엔 의사 선생님과 상담 후 여행 계획을 세우는 것이 바람직하다.

나는 주로 정적인 경험들을 많이 했다. 바느질하기, 퍼즐 맞추기, 그림 그리기, 책 읽기 같은 것들을 하면서 시간을 보냈다. 태아에게 다양한 자극을 주는 것이 좋다고 한다. 하지만 이것 또한 엄마가 편안하고 즐겁게 할 수 있는 것으로 하는 것이 좋다. 그렇지 않으면 태교를 해서 얻는 득보다 엄마가 스트레스를 받아 잃어버리는 실이 더 크다고 생각하기 때문이다.

엄마 뱃속에서 평화롭게 지내던 아이가 태어났다. 아이는 이제 스스로 숨도 쉬어야 하고, 젖도 먹어야 하며, 똥도 싸야 한다. 배고픔, 젖은 기저귀로 인한 찝찝함 등 불쾌감도 수시로 찾아온다.

아이에게는 모든 것이 낯설기만 한데, 이 낯선 세상을 처음으로 이어주는 사람이 바로 '엄마'다. 특히 생후 1년까지는 아이의 요구를 즉각적이고 일관되게 해결해 주는 것이 좋다. 엄마가 아이의 불쾌감을 변함없이 달래주면 아이는 세상은 안전한 곳이라고 믿게 된다. 즉 아이와 엄마의 관계가 곧 아이와 세상의 관계가 되는 것이다.

아이의 울음소리가 들리는 즉시 무엇이 불편한지 보살펴주자. 밤낮없는 아이의 울음소리를 듣고 있기란 여간 힘든 일이 아니다. 하지만 아이러니하게도 듣기 불편한 울음소리는 곧 아이의 생존 전략이기도 하다. 아이의 울음소리가 음악소리처럼 듣기 좋다면 아이는 자신의 욕구를 빠르게 채울 수 없기 때문이다.

괜스레 우는 아이는 없다. 아이는 자신의 상황을 울음으로밖에 표현하지 못한다는 것을 기억하자. 그러면 아이의 끊임없는 울음에도 한결같이 반응해 줄 수 있을 것이다. 아이가 울면 언제든지 가서 안아주자. 자꾸 안아주면 습관된다면서 안아주지 말라는 말은 아이의 욕구를 무시하라는 가슴 아픈 말이다. 그래서 나는 그 말이 너무도 싫었다. 세쌍둥이로 태어나, 안기고 싶을 때 마음껏 안기지 못했던 상처가 건드려졌기 때문이다.

둘째아이가 태어나고 한참 몸조리할 때 친정부모님이 찾아왔다. 그때 첫째아이가 나에게 안아달라고 말했고, 나는 기꺼이 안아주었다. 그 모습을 본 부모님이 누가 먼저랄 것 없이, 안아달란다고 다 안아주지 말라며 한사코 나를 말렸다. 나는 그 말이 너무 속상해서 "애가 안아달라는데 어떻게 안 안아줘?" 하고 쏘아붙였는데, 부모님은 "너한테는 네 새끼가 소중할지 모르지만, 나는 내 새끼가 더 소중하다. 그러다가 나중에 팔목 못 쓴다."라고 말씀하셨다. 부모님의 말은 아이의 욕구를 무시하라는 의미가 아닌, 산모의 몸이 축날까봐 하는 걱정의 말이었다.

부모님이 내 몸을 걱정하는 마음은 십분 이해가 되지만 너무도 사랑스러운 아이의 어설픈 몸짓, 어리숙한 말투는 오래가지 않는다. 아이가 부모 품안에 있을 날은 생각보다 짧다. 그 기간 동안 많이 아끼고 사랑해 주자. 아이를 끼고 있을 시간이 시한부라고 생각하면 더 많이 사랑해 줄 수 있다. 물론 그 뒤에도 아이에게는 부모의 사랑이 필요하지만, 엄마와 스킨십을 나누는 시간은 결코 길지 않다. 체력이 허락하는 한 마음껏 안아주고 반응해 주고 사랑해 주자.

✔ 한결같은 반응의 비결, 육아서 읽기

나는 원래 책을 좋아하는 편이었고, 첫아이를 낳고 모르는 것이 많다 보니 항상 육아서 한 권을 옆에 두고 생활했다. 내가 받았던 상처들을 아이에게만큼은 물려주고 싶지 않아서, 좋은 엄마가 되고 싶어서 육아서와 심리서를 손에서 놓지 않았다.

좋은 육아서는 반복해서 읽었으며, 필사도 했다. 매일매일이 힘들고 실수투성이인 초보 엄마였지만, 육아서가 있었기에 하루를 반성하고 다짐하며 나아갈 방향을 잡을 수 있었다. 이처럼 육아서는 아이의 요구에 한결같이 반응해 줄 수 있는 원동력이 된다.

다만, 육아서를 많이 읽다 보면 이미 다 알고 있다는 착각이 들때가 있다. 하지만 그 내용을 얼마나 실천했느냐가 핵심이다. 머리로만 알고 실천하지 않으면 그것을 모르는 것과 같다. 읽었던 육아서라도 몇 번씩 다시 읽으며 실천의 폭을 넓혀나가길 바란다. 또한 엄마가 책 읽는 모습을 자주 접한 아이는 자연스레 책과 친숙해진다.

'엄마는 아이 대신 걱정하는 존재다.'라는 말이 있다. 우산 장수, 짚신 장수 이야기처럼 엄마는 이래도 걱정, 저래도 걱정하는 존재라는 뜻이다. 그렇다면 과연 엄마의 걱정이 아이에게 도움이 될까?

첫째아이 예준이는 아주 섬세한 감각을 갖고 태어났다. 소위 말하는 까다로운 기질의 아이였다. 청각, 시각, 후각, 촉각, 미각 무엇 하나 섬세하지 않은 감각이 없었다. 옷에 물이 조금만 묻어도 견디지 못했고, 특정 식감의 음식 또한 싫어했다. 입맛도 까다로웠으며, 눈부신 것은 지금도 참기 힘들어한다.

가스레인지를 좀 쓴 날은 가스냄새 때문에 밤새 보챘다. 그중에서도 가장 섬세했던 감각은 청각이었는데, 잠들어 있을 때 화장실 물을 내리거나, 가스레인지 불을 켜거나, 작은 기침만 해도 깜짝 놀라 깨서 울었다. 깨어 있을 때도 믹서기나 드라이기 소리에 놀라 마구 울어대던 아이였다.

그런 아이의 기질을 예민함으로 바라보고 "뭐가 무섭다고 그래, 별걸 가지고 놀라네."라고 말하며 아이가 느끼는 감각을 부정해 버린다면 아이는 자신이 느끼는 감각을 믿지 못한 채 살아가게 된다. 반면, 아이의 예민한 감각들을 섬세함으로 받아들이는 순간, 단점이라고 생각했던 감각들이 장점으로 변한다.

나의 경우, 첫째아이가 아주 작은 일상의 소음들을 알아채어 눈을 동그랗게 뜨고 귀를 쫑긋하며 고개를 돌리면 "세상에 있는 모든 이치를 듣고 이해하는 우리 아들, 엄마는 소음이라고 생각하는 소리들도 어찌 그리 섬세하게 들을까?"라고 말해 주었다. 그랬더니 아이는 자신만의 독창적인 의성어와 의태어를 만들어 내기 시작했고, 엄마표(?)로 진행한 다개국어를 흡수할 때도 그 섬세한 청각이 장점이 되었다.

이처럼 같은 현상을 가지고 어떻게 바라보느냐에 따라 결과는 크게 달라진다. TV를 많이 봐서 고민이라면 TV 보는 동안 엄마가 할 일을 하거나 쉬면 된다. "우리 효자 아들 덕분에 엄마가 실컷 쉬었네. 고마워."라고 말하고 남은 에너지로 아이와 찐하게 놀아주면 되는 것이다.

부정적인 시각을 긍정적으로 바꾸어보자. 긍정의 에너지는 상상하는 것 이상으로 힘이 세다. 부정적인 시선은 현실을 냉정하게 분석해 줄 수는 있지만, 어떤 변화도 가져오지 못한다. 긍정적으로 생각하고 바라볼 때 나를 바꾸고 현재를 바꿀 수 있다. 엄마가 아이를 바라보는 시각이 아이에게는 미래가 되고 운명이 된다. 물론 아이가 자라서 다른 사람들과 관계를 맺으면서 변할 수도 있지만, 주 양육자인 부모가 아이에게 주는 영향은 절대 무시할 수 없다.

♥ 아이에 대한 굳건한 믿음

나는 아이에게 무언가를 알려줄 때, 한 번도 모를 거라고 생각해 본 적이 없다. 모든 이야기를 알아들을 거라는 전제로 이야기를 해주었고, 한글, 영어, 중국어, 일본어를 알려주면 당연히 알아들을 것이라고 생각했다. 그러했기에, 아이라는 이유로 필터링되는 어휘들을 가감없이 해줄 수 있었고, 한글도, 외국어도, 수학도 모두 줄 수 있었다.

아이가 어떤 질문을 했을 때 "넌 아직 어리니까 몰라도 돼."라든지 "이야기해 줘봐야 모를 거야."라고 말한 적이 단 한 번도 없다. 알려줘도 모를 것이라고 단정 짓는 순간, 아이에게 어떤 것도 주기 어렵다.

첫째아이가 17개월에 한글을 뗄 수 있었던 건 돌도 안 된 아이에게 한글을 알려주었기 때문이다. 30개월에 33큐브를 맞출 수 있었던 것은 아이가 큐브를 맞출 수 있다고 믿었기 때문이다. 그래서 줄 수 있었다.

다만 아이가 관심을 보이는 것을 노출해 주어야 한다. 아이는 한글이나 큐브에 관심이 없는데, 엄마의 강요로 알려주어서는 안 된다. 아이의 눈빛이 어디에 오래 머무는지, 지금 우리 아이의 관심사가 무엇인지 파악한 다음 노출해 주고 확장해 주어야 한다. 아이에게 한계를 긋지 말자. 아이를 믿고 부모 자신을 믿으면 아이는 자신이 가진 가능성을 무한히 펼칠 것이다.

국수 염색놀이

어떤 부모든 아이를 잘 키우고 싶다는 욕심이 있다. 인간이기에 당연히 느낄 수 있는 감정이다. 어느 정도의 욕심은 성공의 길로 나아가는 힘이 되기도 한다. 그렇지만 과도한 욕심은 필요 이상의 의욕을 불러일으킨다. 의욕이 앞서다 보면 아이의 기질이나 컨디션 등은 고려하지 않은 채 밀어붙이게 된다. 지금까지 부모가 한 노력이 있기 때문에 아이가 부모의 기대에 미치지 못할 때는 실망하고 조급해져 더 세게 밀어붙이거나, "나는 안 돼." 하며 포기해 버리는 경우가 생길 수 있다.

대부분의 부모는 아이의 발달이 빠르면 잘 이끌어줘야 할 것 같아서, 반대로 아이의 발달이 느리면 무언가 놓치고 있을까 봐 마음이 조급해진다. 두 경우 다 아이는 잘 자라고 있는데도 말이다.

오직 내 아이만 바라보자. 주변과 비교할 필요는 없다. 아이러니하게도 많은 사람들이 타인의 장점과 자신의 단점을 비교하고는 괴로워한다. 애초에 비교 자체를 할 수 없는 것이다. 인간은 이미 존재 자체로 고유하고 완벽하기 때문이다.

우리 두 아이 모두 책을 좋아하고, 다개국어를 구사하며, 한글도 빨리 떼다 보니, 엄마가 얼마나 애들을 닦달했으면 벌써 몇 개 국어를 하느냐는 걱정의 소리를 듣기도 한다. 아이들은 어렸을 때 실컷 놀아야 하는 것 아니냐는 오해까지 덧붙여서 말이다.

또 자신의 아이들이 책을 너무 좋아한다고 자랑하던 엄마가 막상 우리 집에 놀러와서는, 자기 집보다 책 많은 경우는 처음 본다며 아이를 너무 잡지 말라고 말한다.

하지만 과연 엄마의 욕심만으로 이러한 성취가 가능할까? 아이는 책을 보지 않는데, 꾸준히 책을 살 수 있을까? 오히려 책을 강요하고 무언가를 가르치려 했다면, 책을 싫어하고 배움을 두려워하는 아이로 자랄 것이다. 나는 그저 두 아이의 특성을 있는 그대로 받아들이고, 두 아이가 좋아하는 것을 더 좋아하게끔 환경을 만들어준 것밖에 없다. 아이가 앞장서서 걷는 그 길을 따라가면서 스스로 문제를 생각하고 해결하기를 기다려주고 지지해 주었을 뿐이다. 물론 아이가 도움을 요청했을 때는 언제든지 조언과 도움을 주었다.

✔ 열정은 품되, 욕심은 내려놓아라

부모는 선생님이 아니다. 아이의 잘못을 지적하고 가르치고 다듬어가야 하는 존재가 아니라, 아이 스스로 깨닫고 알아가는 과정을 지켜보고 응원과 격려를 하는 존재다. 나는 아이를 바라볼 때, 감점제가 아닌 가점제로 바라보아야 한다고 생각한다. 아이의 한 가지 단점을 지적할 것이 아니라, 아이의 무수한 장점에 박수쳐 주어야 하는 것이다. 만점에서 점수를 깎아내리지 말고, 오늘보다 내일 더 높은 최고점을 갱신할 수 있게 칭찬해 줄 때 아이는 무한한 내면의 힘을 발휘한다. 다만, 위험하거나 남에게 피해를 주는 것은 상냥하지만 단호한 태도로 바로잡아 주어야 한다.

우리가 아이에게 바라는 것은 다개국어도, 곱하기나 나누기도 아니다. 아이 스스로 주도성을 가지고 문제를 해결하는 힘을 기르는 것이다. 스스로 문제를 해결하여 성취감을 맛본 아이는 또 다른 분야도 용감하게 도전한다. 또한 어려움이 닥쳐도 끈질기게 노력하여 이뤄내고 성취해 나갈 수 있는 내면의 힘이 생긴다. 자신이 그 문제를 해결할 수 있다는 믿음을 갖게 되는 것이다. 부모의 믿음과 지지는 그 밑바탕이 된다.

하루하루 일희일비할 필요 없다. 열정은 품되, 욕심은 내려놓자. 느긋하게 마음먹으면 행복한 육아가 될 것이다.

아이는 스스로 무엇이든 하려고 할 때가 있다. 5분이면 끝날 일인데, 아이가 하다 보면 50분 만에 끝나기도 한다. 5분이면 갈 거리를 50분 만에 가는 경우도 있다. 그러므로 아이와 함께 어딘가를 갈 때면 여유 있게 준비하는 것이 아이에 대한 배려다.

나는 첫째아이가 유치원에 갈 때 빨리 가라고 재촉해 본 적이 거의 없다. 늦으면 늦는 대로 가는 편인데, 특별한 일정이 있어서 9시 반까지 꼭 오라는 문자를 받은 날에 아이에게 크게 화를 낸 적이 있다. 시간에 쫓기면 마음이 급해져 화를 내게 되므로 여유 있게 준비하고 출발해야 한다.

또 다른 개념의 기다림도 있다. 아이가 질문할 때 무조건 답을 알려주기보다 역질문을 통해서 스스로 해결해 볼 수 있는 기회를 주는 것이다. 부모가 정답을 아는 문제일 때도 모르는 문제일 때도 모두 유용하다. 의외로 독특한 해결 방법들이 튀어나올 것이다. 아이가 오답을 이야기하더라도 바로 지적하거나 고치지 말고, 직접 해결해 볼 기회를 주고, 문제가 해결되지 않으면 왜 그런지, 이유는 무엇인지 이야기를 나누며 함께 답을 찾아보자.

아이가 어려운 질문을 끊임없이 하더라도 귀찮아하지 말자. 때로는 아이의 질문에 적절한 대답을 해주지 못할 때도 있을 것이다. 그럴 때는 솔직하게 모른다고 말하고 아이와 함께 답을 찾아가면 된다. 인터넷을 검색해도 되고 백과사전을 찾아봐도 된다. 이렇게 문제를 해결하는 과정에서 모르는 것은 부끄러운 것이 아니라는 것을 알려줄 수 있고, 아이는 문제 해결 능력과 다양한 사고 능력을 키울 수 있다.

✔ 치고 빠질 때 구분하기

내 아이를 가장 잘 아는 사람은 바로 부모다. 아이를 잘 관찰하고 성향을 파악하여 아이에게 도움이 필요한 순간인지, 아니면 좀 더 믿고 기다려 주어야 하는 순간인지 판단할 줄 알아야 한다. 칭찬과 격려로 아이 스스로 하고자 하는 힘, 즉 주도성과 혼자 해냈다는 성공의 기쁨을 동시에 맛보게 해주자.

아이가 가장 큰 성과를 이룰 때는 어른의 도움을 받으며 편안한 마음으로 학습할 때다. 아이가 스스로 무언가를 할 때 불안한 마음으로 바라볼 것이 아니라, 애정어린 시선으로 바라보며 믿어 주자. 그러다 아이가 부모에게 도움을 요청한다면 기쁜 마음으로 도움을 주면 된다. 아이가 도움을 요청하지도 않았는데 개입해서는 안 된다.

아이가 틀린 방법으로 문제에 접근할 수도 있다. 그럴 때조차 개입하지 말고 기다리는 것이 중요하다. 어릴 때 마음껏 실수도 하고 실패도 해야 성장한다. 어릴 때 안 해 보면 언제 또 그렇게 해보겠는가.

자존감이 낮고 내적 불행이 있는 부모의 특징 중 하나가 허용 기준이 무척 좁다는 것이다. 보통 자신의 부모에게서 받았던 허용 기준보다 아주 조금 더 넓을 뿐이다. 부모의 통제가 강하고 억압적이면 아이는 순종적이거나 반항적으로 자라게 된다.

이와 반대의 경우도 있다. 아예 자신의 부모와 반대로 모든 것을 허용해 주어서 자기중심적이고 통제력이 약하며, 성취도가 낮은 아이로 키우는 것이다. 두 경우 모두 좋은 결과를 기대하기 어렵다.

아이도 부모와 똑같은 하나의 인격체다. 따라서 아이에게 의견을 묻고 존중해야 한다. 부모의 기분에 따라 통제하는 것이 아니라, 합리적인 수준으로 아이를 통제하고 아이의 연령대에 맞는 책임감을 길러주는 부모가 되어야 한다. 이런 부모 밑에서 자란 아이는 자존감이 높고 자율적이며, 책임감 있고 성취도가 높은 아이가 된다.

그렇다면 그 통제의 범위가 궁금할 것이다. 배려 깊은 사랑에서는 위험하거나 다른 사람에게 피해를 주지 않는 범위에서는 허용하는 것을 기본으로 한다. 아이가 하고 싶은 일이나 할 수 있는 일은 되도록 허용해 주자. 허용해 줄 수 없을 때는 아이의 눈에 보이지 않게 해야 한다. 안 된다는 소리는 최대한 하지 않는 환경을 만들어주는 것이 중요하다.

나는 첫째아이가 두 살 때부터 집 안의 전등 켜고 끄기, 세탁기 돌리기, 홈시어터 작동하기, 전자레인지나 전기밥솥 작동하기, CD 바꿔 넣기, 공동 현관 비밀번호 입력하기, 현관 비밀번호 입력하기, 열쇠로 문 잠그고 열기, 전자제품 코드 꽂고 빼기, 스마트폰 충전하기, 엘리베이터 버튼 누르기, 버스카드 찍기, 하차벨 누르기 등 어른이 하면 별것 아니지만, 아이가 하면 시간도 많이 걸리고 안아주어야 가능한 것들을 할 수 있게 해주었다. 정말 아이를 들었다 놓았다를 수만 번도 더 했던 것 같다.

또한 타인에게 방해가 되지 않는 선에서 한밤중에 놀이터 가기, 햇빛 쨍쨍한 날 장화 신기, 한여름에 부츠 신기, 비오는 여름날 물웅덩이에서 놀기, 아이가 먹고 싶다는 반찬으로 밥상 다시 차려주기 등 아이가 원하는 것이면 대부분 다 해주었다.

소파 같은 곳에서 뛰어내리는 놀이를 할 때는 밑에 이불을 푹신하게 깔아주어 마음껏 뛰어내릴 수 있게 했다. 높은 난간에 올라가서 걷고 싶어 하면 기꺼이 아이 손을 잡아주었다. 코드를 꽂거나 뺄 때는 멀티탭 파워를 내린 상태에서 할 수 있게 해주었다. 위험하다는 이유로 못하게 하기보다는 환경을 바꾸거나, 엄마의 수고로 안전하게 경험할 수 있게 도와주었다.

아이는 엄마의 두려움을 그대로 흡수한다. 아이에 대한 지나친 안전 염려증은 아이에게 세상은 위험한 곳이라는 생각을 심어준다. 따라서 엄마의 보호 아래 할 수 있게 해주어야 한다. 위험하다는 이유로 아무것도 못하게 해서는 안 된다.

단, 현실적으로 허용해 주는 것이 힘들다면 단호한 제재는 필요하다. 엄마가 허용할 수 있는 범위를 넘어서서 참고 허용해 주다 보면, 전혀 다른 곳에서 불씨가 튈 수 있기 때문이다. 이때 단호하게 제재하라고 해서 화를 내라는 것은 아니다. 아이의 감정은 받아주되, 행동만 바로잡아 주어야 하는 것이다. 1000번 말해준다는 심정으로 이야기를 해주어야 한다.

✔ 아이는 종종 어른보다 현명하다

둘째아이가 태어나고 얼마 안 되었을 때 첫째아이가 동생의 손을 자꾸 만졌다. 자는 아기의 손을 만지니 둘째아이는 깨서 울기를 반복했다. 손을 만지면 아기가 깨서 힘들다고 몇 번이나 이야기했지만, 첫째아이는 동생의 작은 손이 좋다며 자꾸 만졌다. 아기는 깨어나서 울고, 난 너무 힘들어서 첫째아이에게 "어떻게 해야 네가 엄마 말을 알아들을 수 있을까?"라고 물었다. 그랬더니 아이가 이렇게 말했다.

"그럴 땐 다시 한 번 더, '아기 손이 작고 예뻐서 만지고 싶었구나. 그런데 잘 때 손을 만지면 아기가 깨서 엄마가 너무 힘들어. 그러니까 만지지 말아줘.'라고 말해 주면 돼."

아이는 종종 어른보다 현명하다. 어른도 하고 싶은 일을 참는 것이 어려운데, 하물며 어린아이는 어떻겠는가. 그것이 아이에게 너무나도 중요한 요소, 즉 재미라면 말이다. 나와 이야기하는 대상이 어른이 아니라 아이임을 잊지 말자.

부모는 아이의 고집을 꺾어야 한다고 믿는다. 한여름에 겨울용 부츠를 신고 나가겠다고 하거나, 분홍색 옷만 입겠다고 고집을 피울 때, 계란말이가 먹고 싶은데 계란 프라이를 해주었다고 울면서 다시 해달라고 할 때처럼 말이다. 자신이 엘리베이터 버튼을 누르기 전에 부모가 먼저 눌렀다고 세상이 끝날 것처럼 울어대는 아이를 보며, 별일 아닌 것에 집착하고 고집부린다고 생각한다. 하지만 바꿔서 생각해 보면, 별일 아닌 일을 부모인 우리가 못 받아주고 있는 것이다. 타인에게 피해를 주지 않고 위험하지 않다면 최대한 허용해 주고 제재는 최소화하자.

더울까 봐, 추울까 봐, 걱정된다는 이유로 억지로 신발을 갈아 신기고, 옷을 껴입히지 말고, 그저 슬리퍼 하나, 여벌 옷 한 벌 챙겨 가면 문제는 간단히 해결된다.

행복한 한글떼기를 위한 육아원칙

엄마와 아이 모두 행복해지는 방법

육아는 장기전이다. 1년 빡세게(?) 하고 말 거라면 모르겠지만, 처음부터 전력질주를 하다 보면 이내 지친다. 따라서 무리하지 말고 체력 안배를 잘해야 한다. 내가 생각하는 육아는 조급함이나 불안함에 의한 반응이 아니라, 편안한 마음으로 긍정적이고 일관되게 반응해 주는 것이다.

이러한 것들을 꾸준히 실천할 수 있는 힘은 '휴식'에서 나온다. 자신의 에너지보다 많은 에너지를 소비한 날이면, 아이가 평소에 하던 행동에도 화가 나는 경험을 해보았을 것이다. 신체적 휴식도 중요하지만, 정신적 회복도 반드시 필요하다. 아이가 혼자 놀거나 잠을 잘 때는 엄마도 쉬면서 체력을 회복하자.

나는 체력만 회복하는 것으로는 부족했다. 체력 회복도 중요했지만, 내 마음을 힐링할 수 있는 것들이 필요했다. 그것이 때로는 육아서일 때도 있었고, 육아 강연일 때도 있었으며, 예능 프로그램일 때도 있었다. 어느 때는 맥주 한 잔이 큰 위안이 되기도 했다. 가끔 혼자만의 시간도 필요했기에 남편에게 부탁해서 한 달에 한 번이라도 나만의 시간을 가졌다.

육아도 집안일도 완벽하게 할 수 있는 엄마는 극히 드물다. 남편이 많은 부분을 담당하지 않는 이상, 집안일에 매달리면 아이 보는 시간이 줄어들고, 육아에 치중하면 집이 지저분해진다. 그럴 때는 우선순위를 정해야 한다.

깨끗한 환경이 중요하다고 생각한다면 집안일에 좀 더 할애하고, 육아가 중요하다고 생각한다면 육아에 치중하면 된다. 한때 육아만이 중요하다는 편협한 시각을 가졌을 때도 있었다. 하지만 세월이 지나고 나니, 나와 다른 것일 뿐 틀린 것이 아님을 깨달았다. 지금은 자신의 기준과 판단대로 아이를 잘 키우려고 노력하는 모든 엄마들이 옳다는 것을 안다.

초보 엄마 시절, 육아와 살림 두 가지 다 잘해 보겠다고 아이를 업고 안고 아등바등하다가 출산한 지 1년도 안 되어 이명을 얻었다. 첫째아이가 청각이 예민해서 자고 있을 때 집안일을 한다는 것 자체가 불가능했다. 아이를 바닥에 눕히면 바로 울어서 자는 내내 아이를 안고 있어야 했고, 깨고 나서도 10킬로가 넘는 아이를 안거나 업은 채 집안일을 하다 보니 몸에 무리가 간 것이다.

그 뒤로는 집안일을 많이 내려놓았다. 최소한 꼭 해야 하는 집 안일만 하고 나머지 시간에는 육아에만 전념했다. 음식도 아이 반찬만 하고 나 혼자 먹을 때는 간단히 차려서 먹거나, 저녁은 주로 시켜 먹었다. 처음 몇 년이 힘들 뿐이지, 아이가 좀 더 크면 집도 깔끔하게 치울 수 있고, 요리도 마음껏 해먹을 수 있는 날이 반드시 온다.

내가 집안일보다 육아가 더 중요하다고 판단했던 이유는 집이야 나중에 대청소하면 그만이지만, 어른의 1년과 같다는 아이의 하루는 지나버리면 다시 되돌아오지 않는다고 생각했기 때문이다. 두 가지 다 잘할 자신이 없다면 스스로 더 가치 있다고 생각하는 것을 선택하면 된다. 그리고 선택했다면 주저 없이 실행하라. 어떤 것을 선택해도 미련은 남는다. 하지만 아무것도 선택하지 않고 고민만 한다면 변하는 것은 아무것도 없다.

나도 육아에만 전념하겠다고 마음먹었지만, 막상 아이가 집안을 엉망진창으로 만드는 것을 보고 있으면 마음이 불편했다. 치우면 다시 꺼내고, 치우면 다시 꺼내는 아이가 미울 때도 있었다. 아이가 주위를 마음껏 탐색할 수 있게 놓아두는 것이 아니라, 은근히 제재를 가하는 나를 발견하고 나서는 어지르는 것에 대한 마음을 모두 내려놓았다. 그러고 나니 몸도 마음도 편안해졌다.

아이가 한참 놀 때 장난감을 치우는 것은 아이의 몰입을 방해할 수 있으므로 조금 불편한 마음이 들더라도 아이가 다 놀 때까지 기다려주자. 한 가지를 오래 갖고 놀지 않는 아이들에게는 그런 배려가 꼭 필요하다. 그런 특성의 아이에게 하나 가지고 놀고 치우고 또 다른 것을 가지고 놀게 하면 아이는 충분히 놀았다고 인지하지 못한다. 아이가 충분히 몰입할 수 있는 환경을 만들어주자.

✔ 엄마와 아이 모두 행복한 범위를 정하면 지치지 않는다

내가 처음 아이를 키울 때 원동력이 되었던 것은 '두려움'이었다. '나 같은 사람으로 절대 안 키워야지.' 하는 마음으로 아이를 키웠다. 아이가 나 같은 사람으로 자랄까 봐 두려웠고, 그렇다고 타인에 대한 믿음도 없어서 한시도 아이를 눈과 손에서 떼어놓지 않았다.

그렇게 온갖 정성을 다해 키웠지만, 아이는 엄마가 세상을 바라보는 시선을 그대로 흡수했다. 아이가 섬세한 탓도 있을 테고, 내 두려움이 아이에게 옮겨가기도 했을 것이다. 엄마가 세상이 무섭다고 이야기하는데, 어떻게 아이가 세상이 안전하다고 믿겠는가?

지금은 그런 성향이 거의 없어졌지만, 예전에 첫째아이는 생소한 것을 경계하고 매우 신중하게 다가갔다. 세상에 대해 두려워하는 마음이 엿보였다.

그 뒤, 많은 심리서를 읽고 강연을 찾아가 들으면서 내 안의 두려움을 많이 내려놓을 수 있었다. 내가 세상을 안전하게 바라보았더니 첫째아이의 불안한 모습은 눈에 띄게 줄어들었다.

반면, 둘째아이는 누가 봐도 심신이 안정되어 있다. 가족이 근처에만 있다면 두려움 없이 세상을 믿고 마음껏 탐색한다. 설령 엄마가 눈에 보이지 않더라도, 엄마가 곧 찾으러 올 거라는 강한 믿음이 있다.

첫째아이가 유아기일 때 나는 배려 깊은 사랑을 실천했다. 그렇지만 엄마인 내 욕구는 모조리 죽이고 아이에게 전적으로 맞추는 희생적인 사랑이었다. 그러다 보니, 아이가 내 마음 같지 않을 때 '내가 널 어떻게 키웠는데……'라는 섭섭한 마음이 절로 떠올랐다. 내가 지금까지 아이에게 희생한 것이 억울해서 화가 났던 것이다.

그동안 나는 엄마라는 존재 말고는 나에게 어떠한 가치도 부여하지 않았다. 오로지 내 안에는 아이들 엄마로서의 정체성만 남아 있었다. 나에게서 엄마의 역할을 빼고 났더니 아무것도 남지 않았다. 예전에는 분명 존재했던 이정민이란 정체성을 다시 떠올려봤다. 나는 누구인가? 나의 존재 가치는 무엇인가에 대한 진지한 자아 성찰이 있었다. 많은 심리서를 읽었고 강연을 들으며 나도 아이들만큼이나 소중한 존재이고, 또 아이들의 욕구가 중요한 만큼 내 욕구도 중요하다는 것을 깨달았다. 내 자신도 존중받아야 한다는 것을 깨닫고 났더니, 육아가 훨씬 편해지고 즐거워졌다.

그 이후, 내가 사용하는 방법은 윈윈 전략이다. 예전에는 두려움과 희생에 의한 육아였다면, 지금은 사랑과 배려로 이루어진 육아를 한다. 가족 구성원끼리 서로 존중하고 배려하며 함께 살아가는 것이다. 그랬더니 한쪽으로 치우치지 않고 균형을 잡을 수 있게 되었다. 아이가 원하는 것 전부를 해줄 수 있다면 좋겠지만, 엄마도 육체적으로, 정신적으로 한계가 있고, 하고 싶은 욕구도 있다는 것을 기억하자. 엄마가 행복해야 아이도 행복하다.

아이가 음식을 갖고 장난치고 싶어 한다면 목욕하기 전 욕조에서만 음식을 만지고 놀 수 있게 한다든지, 거실 벽에 낙서를 하고 싶어 한다면 벽에 전지를 여러 장 붙여놓고 그곳에서만 낙서하는 것으로 아이와 조율해 보자. 그러면 엄마도 아이도 행복할 수 있다.

물론 도저히 허용하기 어려운 경우도 있다. 그럴 때는 아이에게 솔직하게 이야기하고 제재해도 된다. 마음속에 분노를 담고 억지로 허용을 해주는 것보다는 솔직하게 말하는 엄마를 아이들은 더 안전하다고 느낀다. 다만 엄마가 왜 그것을 허용하기 어려운지는 끊임없이 고민해 보고, 허용 범위를 넓힐 수 있도록 노력하려는 마음가짐은 필요하다.

보통, 부모가 자라면서 받았던 허용 기준보다 더 넓은 것을 아이가 요구하면 화가 나면서 들어주기 힘들다. 자신의 내면을 들여다보고 진정 들어줄 수 없는 것인지 들어주기 싫은 것인지 생각해 보자.

부모의 '비교'가 형제자매 사이를 나쁘게 한다

형제자매 사이가 나쁘다면 부모가 아이들을 각자 고유하게 사랑하는지 살펴봐야 한다. 아이들은 성향이 모두 다르다. 따라서 반대되는 성향이라 하더라도 좋은 점으로 받아들여야 한다. 첫째아이는 밥을 꼭꼭 씹어 먹어서 체할 걱정 없어서 좋고, 둘째아이는 밥을 빨리 먹어서 얼른 뒷정리하고 함께 놀 수 있어서 좋다고 하자. 첫째아이는 키가 크고 늘씬해서 모델 같다고 칭찬해 주고, 둘째아이는 키가 작고 오통통해서 귀엽다고 해주자. 실제 우리 아이들의 특징이다.

어떠한 경우라도 비교하지 말아야 한다. 두 아이의 장점과 단점을 서로 번갈아가며 비교하는 것은 최악의 비교이다. 예를 들어

위와 같은 상황이라도, 이렇게 말한다고 가정해 보자. 오빠에게는 "빨리 빨리 좀 먹어라. 동생은 벌써 다 먹었는데 넌 뭐 한다고 아직까지 먹고 있니?"라고 말하고, 동생에게는 "좀 꼭꼭 씹어서 먹어, 그러다 체하겠다. 오빠 좀 봐라. 얼마나 꼭꼭 씹어서 먹니."라고 한다면 두 아이 모두 불행한 감정을 느낄 뿐 아니라, 서로를 미워하게 된다.

아이가 가진 고유함을 그대로 인정하고 사랑해 주자. 그러면 두 아이는 부모의 사랑을 독차지하기 위해 싸울 필요가 없다.

각자 아이들의 특성에 맞는 예쁜 애칭을 만들어서 불러주어도 좋다. 그러면 아이들은 고유하게 사랑받는다고 느낄 것이다.

아이를 하나의 인격체로 존중해 주어라

대부분의 부모는 아이에게 쉽게 화를 낸다. 어른이 그랬다면 이해하고 넘어갈 문제들도, 아이가 그랬을 때는 혼을 내거나 화를 내는 경우가 많다. 그 이유는 무엇일까?

첫째, 부모에게 아이는 가장 안전한 존재이기 때문이다. 부모가 아무리 화를 내더라도 아이는 그런 부모의 모습까지 모두 받아줄 거라는 믿음이 있다.

둘째, 부모와 아이의 관계가 동등하지 않다고 생각하기 때문이다. 어른과 아이가 똑같이 물을 엎질렀다고 가정할 때 어른에게는 실수의 잣대가 주어지고, 아이에게는 부주의의 잣대가 주어진다.

아이의 실수를 실수로 보지 않고, 고쳐야 할 치명적인 단점으로 바라보며 아이를 부모 아래의 위치에 놓아서는 안 된다. 아이도 부모와 똑같은 하나의 인격체이다. 어리다는 이유로 아이를 혼내거나 의견을 무시하지 말아야 한다. 아이의 실수를 너그럽게 바라보고, 모르는 것은 알려주는 아량이 필요하다. 더불어, 아이의 의사를 존중해 주고 믿고 따라주자. 부모가 보기에 아이의 해결 방법이 잘못된 것처럼 보여도 직접 해결할 기회를 주어야 한다.

나는 아이가 아주 어릴 때부터 아이와 함께 어떤 일을 할 때면 아이의 의견을 묻고 반영했다. 수용해 줄 수 있는 것들은 아이의 의견에 따랐고, 나와 이해관계가 부딪히는 문제는 서로 존중하고 조율하면서 지금까지 잘 지내오고 있다.

부모가 존중받고 싶은 만큼 아이도 존중해 주어라. 나는 아무리 화가 나더라도 아이를 "야!"라든지, "기집애가." 또는 "머슴아가."라고 불러본 적이 없다. 난 화가 나면 큰 소리로 "이예준!" 하고 불렀는데, 둘째아이가 화가 나면 똑같이 "이예준! 하지 마!"라고 말해서 얼마나 웃었는지 모른다.

나와 똑 닮은 아이의 모습을 볼 때, 아이 앞에서는 찬물도 함부로 못 마신다는 옛말이 떠오르면서 부모가 모범을 보여야겠다는 다짐을 하게 된다.

♥ 부모가 잘못했을 때는 아이에게 사과하라

부모도 사람이라 화를 낼 수 있고, 실수나 실패도 할 수 있다.

그런데도 부모는 아이를 기르는 데 있어서 실수하면 안 된다고 생각한다. 아이가 만 한 살이라면 엄마 역할을 수행한 것도 고작 1년이라는 사실을 기억하자.

실수나 잘못을 했을 때 좌절하기보다는 그 실수를 통해 배움을 선택할 수 있다. 같은 실수를 반복한다면 그때는 그런 실수를 계속하는 원인을 찾아보고 바로잡기 위해 노력하면 되는 것이다.

아이에게 사과하는 것을 두려워하지 마라. 실수했다면 진심으로 사과하고 용서를 구하면 된다. 아이에게 사과하는 것을 힘들어하는 부모도 있다. 하지만 부모가 자신의 잘못을 인정하고 사과한다면 아이는 부모를 통해 실수했을 때 대처 방법을 배우게 된다. 실수를 한 상대에게 사과하고, 잘못은 책임지고 수습하면 된다는 것을 배우는 것이다.

그뿐이 아니다. 부모의 사과를 통해 아이는 모든 사람이 완벽하지 않음을 알게 되고, 남의 실수에도 너그러워질 수 있으며, 자신의 잘못을 인정할 줄 아는 용기도 갖게 된다. 더 나아가, 실수했을 때 차분하게 대처할 수 있는 사람으로 자라나게 될 것이다.

또한 아이의 실수와 실패에도 관대해지자. 유년 시절이야말로 마음껏 실수하고 실패하며 자신이 좋아하는 것이 무엇인지, 잘하는 것이 무엇인지 알아가기에 좋은 시기이다. 부모가 해야 할 일은 아이의 실수와 실패를 다독여주고 격려해 주는 것이다.

몰입의 시간이 쌓여
집중력이 길러진다

아이의 몰입을 존중해 주는 것은 집중력과도 관련이 깊다. 아이가 몰입할 때는 방해하지 말고 아이만의 시간을 존중해 주어야 한다. 그래야 집중력도 길러진다. 집중력은 어느 날 갑자기 하늘에서 뚝 떨어지는 게 아니다. 방해받지 않고 열중했던 시간들이 쌓여서 만들어진다.

청각이 섬세한 첫째아이는 혼자 잘 놀다가도 내가 엉덩이만 떼면 따라왔다. 그래서 아이가 책을 읽을 때나 무언가에 몰입할 때면 나는 화장실에도 가지 않았다. 너무 급해서 화장실에 가게 되더라도 변기 물은 내리지 않았다. 무엇을 하든 아이의 몰입이 책 읽는 시간이 되고 공부하는 시간이 된다는 것을 알고 있었기에 아이가 몰입하는 시간을 방해하고 싶지 않았다. 물론, 예외적으로 한꺼번에 다양하게 관심을 가지며 동시에 천천히 파고들어가는 아이도 있다.

첫째아이는 주변의 작은 소리나 환경에 섬세하게 반응했기 때문에 관심사가 한 가지로 깊이 들어가지 않고 거미줄처럼 확장되어 가는 스타일이다. 하지만 결국 거미줄이 빙 돌아 만나듯 그 관심사는 다시 돌고 돌아와 점점 넓어지므로 걱정하지 않아도 된다.

또 다른 몰입의 형태는 어느 한 분야에서 최고의 몰입을 이루고, 그 하나의 몰입이 끝나면 또 다른 영역으로 관심이 확장해 가는 방식이다. 한 가지에 깊게 몰입해 들어가는 아이든 다방면에 관심을 두는 아이든 서로 다를 뿐이지 틀린 것이 아니다.

인간은 누구나 특별하게 잘하는 분야가 한두 가지는 있다. 그것이 현대 사회에서 중요하게 생각하는 분야라면 부모나 사회에서 관심을 가지고 꾸준히 이끌어주지만, 그렇지 않은 재능이라면 묵인되고 묵살될 수 있다.

다행히 요즘에는 영재의 범

아이가 200피스 퍼즐을 맞추는 데 몰입해 있다.

위가 넓어져, 단순히 수학, 언어, 과학 영재를 넘어서 미술, 체육, 음악 등 다양한 영역으로 영재를 발굴하고 키워나가고 있다.

아이의 특성을 잘 관찰해 보자. 부모가 원하는 재능을 길러주는 것이 아니라, 아이가 본래 가지고 있는 재능을 이끌어주어야 한다. 아이의 강점을 그대로 받아들이고, 아이가 좋아하는 것을 더 좋아하게 하면 아이는 자신의 능력을 마음껏 발휘해 나간다.

♥ 최고의 성취로 이끄는 몰입의 힘

아이가 몰입하면 육아가 편해진다. 아이는 아이대로 몰입을 함으로써 최고의 성취를 이룰 수 있고, 부모는 그 시간을 활용하여 자신에게 투자하거나 휴식을 취할 수 있다는 점에서 서로에게 좋다. 둘째가 있을 때, 첫째아이에게 몰입하는 대상이 있다면 그것만큼 편한 것도 없다.

우리 집의 경우, 둘째아이가 태어났을 때 첫째아이는 퍼즐에 꽂혀 있었다. 밑그림도 없는 200피스 퍼즐을 몇 시간씩 앉아서 맞추었다. 그것을 매일같이 반복하다 보니 그 시간만큼은 둘째아이를 편히 볼 수 있었고, 나도 충분히 쉴 수 있었다.

둘째가 조금 더 크고 나서는 첫째아이가 길게 몰입하는 시간을 갖기 힘들었다. 청각이 섬세한 첫째아이가 동생의 말소리나 놀이에 주위를 쉽게 빼앗겼기 때문이다. 동생의 낮잠까지 없어지고 나니, 그런 시간들이 더욱 줄어들었다. 하지만 동생이 잠들어 있는 이른 아침이면 첫째아이는 누구보다 강한 집중력을 보여주었다. 또한 방문 수업을 할 때도 또래에 비해 굉장히 오랜 시간 집중해서 수업을 받는 편이다. 아이가 몰입할 때 옆에서 방해하지 않았기에 가능한 일이라고 생각한다. 아이의 몰입은 축복이다.

지금 당장 할 수 있는 것부터 실천하라

지금 당장 할 수 있는 것들을 시작해 보자. 아무것도 하지 않으면 어떤 것도 변하지 않지만, 작은 것을 실천하는 것만으로도 많은 것이 변한다. 책을 살 돈이 없어서, 영어를 잘 못해서, 영어 발음이 나빠서, 아이와 어떻게 놀아야 할지 몰라서 등의 이유가 있다면, 그럼에도 불구하고 지금 내가 할 수 있는 것들이 있는지 살펴보자.

경제적인 여유가 없으면 도서관에서 빌려오면 되고, 저렴한 중고책을 사도 된다. 나도 아이가 원하는 만큼 책을 다 사줄 수는 없었다. 저렴한 중고책만 샀는데도 아이의 수요를 따라갈 수 없었다. 도서관에서 수십 권씩 빌려와서 읽혔고, 아파트 단지 내에 버려진 책들도 많이 가져와서 읽어주었다. 아는 지인들이 보내주기도 했다. 그렇게 할 수 있는 범위 내에서 무언가를 하면 되는 것이다. 비록 음치에 콩글리시 발음이지만, 아이가 원할 때 언제든지 노래를 불러주고 책도 읽어주었다. 모르는 발음은 아이와 함께 찾아보며 중국어도 배웠다. 놀아주는 것이 힘든 엄마들은 놀이책을 여러 권 사서 할 수 있는 것을 해주는 방법도 있다.

모든 것을 억지로 할 필요는 없다. 노래 불러주는 게 힘들다면 동요 CD를 틀어주는 방법으로 요령껏 실천해 보자. 자신의 환경 안에서 현명하게 실천하는 것이 진정 아는 것이다. 실천하라. 아주 작은 실천들이 모이면 큰 변화가 찾아올 것이다.

아이는 눈 뜨자마자 놀이를 시작해서 잠들 때까지
무언가를 하며 논다. 아이가 눈을 떴을 때 손이 닿는 곳에 책이 있다면
일어나자마자 책 읽을 확률이 높아진다. 아이의 생활 범위 곳곳에
책을 깔아주자. 그러면 아이는 책과 친숙해진다.

2장
일상 속에서 자라는
아이의 언어 감각

쉽고 재미있게 한글떼기 기본기 익히기

아이 눈빛을 읽어주는 수다쟁이 엄마가 돼라

나는 아이를 입으로 키웠다고 할 만큼 육아의 8할은 입이 다했다. 아이의 눈빛을 읽기 위해 노력했고, 아이가 관심 있어 하는 것에 대해서 이야기해 주었다.

예를 들어 아이가 누워서 발을 갖고 놀 때는 "그건 발이라는 거야, 발."이라고만 알려주지 않고, 발가락, 발등, 발바닥, 왕발가락, 새끼발가락, 발목, 복숭아뼈, 발톱, 아킬레스건, 왼발, 오른발, 발하나에는 발가락이 다섯 개, 발이 두 개면 발가락이 열 개, 이 중가장 긴 발가락은 두 번째 발가락 등 알고 있는 지식을 모두 알려주었다.

아이의 얼굴만 쳐다보면 할 말이 금방 바닥난다. 갓난아기 때는 밖에 나갈 수도 없어서, 매일 아침 아이를 안고 집안 곳곳을 다니며 "여기는 안방이야, 엄마 아빠가 잠자는 방. 여기 액자가 있네." 하면서 아이에게 세상을 알려주었다.

아이가 자는 동안에는 집안일을 할 수 없어서 아이가 깨어 있을 때 청소, 빨래, 요리 등을 아이와 함께 했다. 엄마에게는 지겨운 집안일이지만, 아이의 눈에는 새롭고 신기하게 보일 거라고 생각했다. 집안일을 하는 동안에도 쉬지 않고 아이에게 일상적인 이야기를 해주었는데, 이것이 다양한 언어 자극이 된 듯하다.

첫째아이가 100일이 지났을 때부터 매일 아이를 안고 아파트 단지를 돌며 "이건 무궁화야. 무궁화는 우리나라 국화야. 색깔은 분홍색이네." 하면서 이야기해 주었다. 식물 말고는 알고 있는 것이 별로 없어서 아는 대로 이야기해 주었더니, 아이는 자라면서도 식물에 관심이 많았다.

알고 있는 식물에 대한 지식이 바닥나자 식물도감을 사서 공부하며 알려주었다. 그러자 아이가 13개월 되었을 때는 아파트 단지에 있는 대부분의 식물들을 구분할 수 있었다. 아직 어린 아이가 식물들을 구분해 내자 그 비법을 물어보는 사람도 있다. 그렇지만 마법 같은 비법은 없다. 그저 아이와 매일 산책하며 아이의 눈길이 닿았던 꽃과 풀, 나무에 대해 끊임없이 인사하고 말을 걸어주었을 뿐이다.

아이의 눈길이 머물러 있는 곳에 아이의 관심사가 있다. 모든 것이 새롭고 신기한 아이의 눈빛을 놓치지 말고 우리가 사는 세상을 상세하게 알려준다면 호기심은 더욱 커질 것이다.

아이와 산책할 때는 유모차를 끌거나 등에 업는 것보다 품에 안는 것을 추천한다. 품에 안으면 엄마 입장에서는 힘들 수도 있지만, 아이가 관심 있게 보는 것을 아이 눈높이에서 설명해 줄 수 있다. 아이는 날아가는 새를 보고 있는데, 엄마는 옆에 지나가는 강아지에 대해 이야기해 주면 아이 귀에 와닿지 않는다.

또한 아이들은 집중하는 시간이 짧기 때문에 장황하게 설명하기보다는 간략하게 그때그때 다른 단어를 사용해 가며 말해 주는 것이 좋다. 예를 들어 같은 물건이라도 하루는 "사과야, 빨간 사과."라고 했다면, 다음에는 "아삭아삭 사과야. 새콤달콤하지?" 하면서 단어를 확장해 가며 이야기해 줄 수 있다.

🦋 아이와 대화를 나누는 5단계

그 당시 내가 아이에게 이야기해 준 방식이 《총명한 아이로 키우는 아기대화법》이라는 책에서 소개하는 방식과 너무 비슷해서 깜짝 놀란 적이 있다. 책 내용을 간단히 소개하면 다음과 같다.

1단계 이름 알려주기

아이에게 모든 사물은 특정한 이름을 갖고 있다는 사실을 알려준다.

2단계 묘사하기

사물에 대해 이야기할 때는 사물의 성질을 알려준다. 색깔과 모양, 크기, 감촉, 소리, 수와 양 등으로 성질을 묘사할 수 있다.

3단계 비교하기

사물이나 행동, 상황 등의 공통점과 차이점을 알려준다.

4단계 설명하기

엄마와 아이가 하는 행동이나 생각을 설명해 준다. 이를 통해 아이는 사건의 논리적인 순서나 인과관계, 문제 해결 능력을 기를 수 있다. 단어의 사전적인 의미도 알려준다면 개념을 이해하는 데 도움이 된다.

5단계 지시하기

아이의 주의를 집중시킨 다음 간단한 지시를 한다. 이 방법은 아이에게 위치나 공간을 뜻하는 단어를 가르칠 때 유용하다. 지시할 때 자주 사용하는 단어가 '안에, 앞에, 뒤에, 밖에, 위에, 아래에, 옆에, 오른쪽, 왼쪽, 가운데, 바닥에, 주위에, 뒤로, 앞으로, 옆으로' 등이기 때문이다.

우리가 사는 아파트에는 인공 분수대와 폭포가 있는데, 아이와 폭포를 볼 때면 나는 이렇게 말해 주었다.

"우와! 이게 뭐야? 폭포네, 폭포(이름 알려주기)! 진짜 시끄럽다, 그치? 저기 높은 곳에서 곧장 떨어지는 하얀 물줄기가 폭포야(단어의 사전적 의미). 큰 폭포 앞에 작은 분수도 4개나 있네(묘사하기). 이건 사람들이 인공적으로 밑에서 물을 뿜어 올려 만든 장식물이야(단어의 사전적 의미). 폭포는 자연적으로 만들어질 수 있지만, 분수는 인위적으로 사람이 설치한 것이란다(비교하기). 이걸 왜 틀어놓는 걸까? 폭포 주변에 있으면 물이 증발하면서 열을 빼앗아 가기 때문에 시원해져. 그래서 더운 여름에 폭포를 틀어준단다(설명하기). 조금 가까이 가보자. 손을 앞으로 내밀어 물을 만져봐(지시하기). 옆에 있으니까 진짜 시원하지? 여기 밑에 보면 분수대 작동 시기도 적혀 있네. 6월부터 추석 전까지. 딱 더울 시기다, 그치? 그리고 비 오는 날에는 작동을 안 하네. 이미 비가 내려 충분히 주변 열을 식혀주어서 분수대를 작동할 필요가 없나 봐(설명하기)."

이렇게 집에서도 길에서도 차에서도 아이가 잠들기 전까지 끊임없이 이야기해 주었다. 첫째아이가 말문이 터지고 나서 입을 잠시도 쉬지 않는 것을 보고 '내가 저렇게 수다스러웠구나.' 하는 생각을 했다.

첫째아이가 7개월이 될 때까지 우리 집에는 책이 5~6권밖에 없었다. 그 즈음 푸름이닷컴을 알게 되었고, 배려 깊은 사랑과 책의 중요성을 깨달았다. 그리고 바로 한글 전집과 영어 전집을 한

질씩 들였다. 그랬더니 아이는 9개월부터 책을 읽어달라고 가져왔다. 10개월 때는 글자를 읽어달라고 했는데, 아이가 그렇게 금방 책과 한글에 관심을 가졌던 이유는 수다스러웠던 엄마 때문이라고 확신한다.

책을 단순히 처음부터 끝까지 읽어주기보다는 대화의 매개체로 활용하자. 책 표지에 있는 그림만으로도 다양한 이야기를 들려줄 수 있다. 일상생활에서 노출할 수 있는 어휘는 한계가 있기 때문에 직접 체험하지 못하는 것들은 책을 통해 이야기를 들려줌으로써 좀 더 다양한 어휘를 노출해 줄 수 있다. 책을 보기 전부터 일상생활에서 다양한 어휘를 사용했기 때문에 아이가 빠르게 책과 한글에 관심을 보인 듯하다.

보고 맛보고 느끼는 오감놀이를 하라

아이의 오감을 발달시키는 것은 무척 중요하다. 하지만 현실에서는 놀이 후 뒷감당이 두려워 마음을 단단히 먹지 않는 이상 자주 하기 어렵다. 그럴 때는 정해진 장소에서만 놀이를 할 수 있게 하는 방법도 있다. 우리 집 아이들은 물감놀이는 대부분 화장실에서 했고, 쌀놀이는 큰 비닐을 깔고 했다. 김장용 매트 안에서 다양한 오감놀이를 하는 것도 추천할 만하다.

엄마가 힘들지 않아야 자주 즐겁게 놀아주는 게 가능하다. 남한테 물려주기도 애매한 낡은 옷들을 입혀서 물감놀이를 하면, 혹시나 옷에 얼룩이 남을까 걱정하지 않아도 된다. 놀이가 끝나면 그 자리에서 아이를 바로 씻기고 화장실도 물청소하면 되니까 여러모로 수고를 덜 수 있다.

우리 아이들은 다른 색감과 촉감의 물건들로 목욕하는 것을 좋아해서, 포도, 토마토, 바나나, 딸기 등을 실컷 만지고 맛보고 터뜨리게 해주었다.

아이들은 우유를 부글부글 넘치게 불며 놀기도 했고, 바삭하게 구운 김이나 미역이 물에 들어가면 흐물흐물 퍼진다는 것도 직접

밀가루 반죽을 가지고 온몸으로 놀고 있다.

보았다. 또한 고운 밀가루를 체에 쳐보기도 했고, 물을 넣어 반죽도 해보았으며, 처음에는 부드러운 밀가루가 찐득찐득 붙는 성질로 변한다는 것도 알려주었다. 반죽된 밀가루는 찍기틀로 찍어보며 재미있게 놀아주었다. 놀이가 끝난 뒤에, 아이는 깨끗이 씻으면 되니 편하게 오감놀이를 할 수 있었다.

말랑말랑한 밀가루 반죽을 그대로 두면 수분이 증발하여 딱딱하게 변한다는 것과 그 원리를 이용하여 만든 것이 국수라는 것도 알려줄 수 있다. 국수를 뜨거운 물에 삶으면 성질이 다시 부드럽게 변한다는 사실도 알려주었고, 그 국수를 이용하여 다양한 색깔의 물감놀이도 했다.

자연 자체가 아이의 오감을 자극한다고 생각했기 때문에 거

꽃누르미.　　　　　　　　　　　　　　나뭇잎 코팅.

의 매일 산책을 나가 아이에게 봄, 여름, 가을, 겨울 4계절을 느끼게 해주었다. 봄에는 꽃구경을 하고 나서 꽃누르미도 만들었고, 여름에는 푸르른 신록과 작렬하는 태양 아래 화려하게 핀 꽃들도 구경하는 한편, 더우면 더울수록 신나는 물놀이도 했다. 가을에는 낙엽과 열매를 주워서 코팅했고, 겨울에는 차가운 눈도 만져보고 눈사람도 만들고 눈꽃을 찾아보고 눈꽃이 언제 꽃망울을 터뜨릴까 기다리면서 온몸으로 계절을 느꼈다.

산책 후에 목욕할 때면 봄꽃을 물위에 띄워보았고, 여름과 가을에는 버찌, 뱀딸기, 산수유, 맥문동 등 다양한 열매들도 주워와 물속에서 소꿉놀이하듯 놀았다. 아이의 시냅스가 쫙쫙 가지를 치고 뻗어나갈 수 있도록 오감을 자극해 주자.

🦋 알차고 재미있는 생활놀이

엄마에게는 일상적인 물건이라도, 아이에게는 모두 처음

보는 물건이므로 아이가 갖고 놀 수 있도록 적극 활용해 보자. 나는 재활용 쓰레기 같은 것들을 버리지 않고 아이가 갖고 놀게 했는데, 아주 좋아했다. 유통기한이 지난 케첩이나 마요네즈, 간장, 식초 등도 버리지 않고 아이들의 소꿉놀이 때 활용하게 했다. 갖고 놀지 않으면 버리면 되고, 잘 갖고 놀면 공짜 장난감이 생기는 것이다. 단순히 놀아도 좋고, 재미와 지식을 함께 가미해 주어도 좋다. 물론 지식과 결합해 줄 수 있는 방법을 모색하는 노력은 필요하다.

놀이책을 여러 권 사서 따라 하는 방법도 있다. 책에 나와 있는 모든 놀이를 다 할 필요는 없다. 엄마마다 자신이 할 수 있는 분야가 다르다. 미술놀이가 편하면 미술놀이를 하면 되고, 수학놀이가 편하면 수학놀이를 하면 된다. 아주 간단한 놀이라도 실천해야 내 것이 된다. 지레 겁먹지 말고 간단한 놀이부터 시작해 보자.

아이가 끊임없이 계단을 오르내리는 시기가 있다. 엄마는 아이와 함께 계단을 오르내리다가 이내 지쳐버린다. 집에 가고 싶은 엄마와 더 놀고 싶은 아이 사이에 실랑이가 생길 수 있다. 이럴 때 엄마는 쉬면서 아이는 신나게 놀 수 있는 방법은 무엇일까?

첫째아이가 20개월쯤 되었을 때 계단 오르내리는 데 재미가 들었다. 그것도 한여름이었다. 아이 따라 오르내리던 나는 금방 탈진해 버렸다. 나는 쉬면서 아이의 욕구를 만족시켜줄 수 있는 방법이 없을까 고민해 보았다. 그래서 생각해 낸 방법이, 그 당시 한참 아이가 국기카드에 빠져 있을 때여서 계단 끝이 어떤 나라라고 설정하고 그곳의 특산품을 선물로 사달라고 부탁하는 거였다.

예를 들어 아이에게 "어느 나라로 가?"라고 물어보았을 때 아이가 "독일."이라고 대답하면 "예준이는 저 멀리 유럽에 있는 독일에 가고 싶구나. 엄마는 시원한 독일 맥주랑 소시지가 먹고 싶어, 사다줄래?"라고 부탁하는 식이다. 아이는 신이 나서 계단을 올라갔다가 상상으로 그 물건들을 사왔다. 미국, 영국, 러시아 등 수십 개의 나라를 오르내리며 아이는 그 나라의 특성까지 속속들이 알게 되었다. 엄마는 그늘에 앉아 편히 쉬면서 지식을 확장할 수 있는 최고의 놀이가 아닐 수 없다.

만약 아이가 리히텐슈타인과 같이 어려운 나라에 여행 간다고 하면 당황하지 말고 핸드폰으로 얼른 검색해서 알려주면 된다. 특산품이 검색되지 않으면 그곳의 유명한 장소에 가서 사진을 찍어와 달라고 부탁하면 그만이다.

엄마가 쉬면서 할 수 있는 놀이는 생각보다 많다. 병원놀이가 대표적이다. 엄마는 환자, 아이는 의사 역할을 하면 된다. 엄마는 편히 누워서 눈 감고 골골대면 끝이다. 그마저도 힘들면 집에 있는 인형들을 모조리 데려와 환자 역할을 시켜도 된다. 집안 곳곳을 서점, 마트, 꽃가게 등으로 정해 놓고 불이 났다거나 교통사고

가 났다고 해서 유아용 자동차에 인형들을 실어오게 한다. 그런 다음에는 "팔에 화상을 입었어요.", "다리를 다쳐서 수술을 해야 해요." 하며 입으로만 놀아주면 된다.

나는 아이와 생활놀이를 하고 나서는 기록으로 남겨놓았다. 기록으로 남기면 앞으로 나아갈 수 있는 힘이 된다. 소중한 추억을 사진으로 남기는 방법도 있다. 나의 경우, 아이에게 다개국어를 줄 때 매일 노출해 준 문장을 적어놓는 수첩이 있었다. 생활놀이도 하루에 한 개 이상은 꼭 했는데, 기록해 놓으면 좋은 추억이 될 뿐만 아니라, 부족한 부분을 보완할 수도 있다.

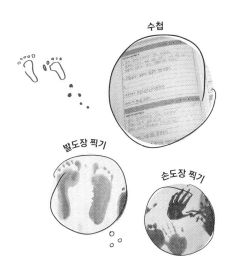

수첩

발도장 찍기

손도장 찍기

쉽고 재미있게 한글떼기 기본기 익히기

책을 아이의 평생 친구로 만들어주어라

아이마다 차이는 있지만, 대개 책 읽는 과정은 '친숙기 단계→책 놀이 단계→책의 바다 단계→읽기 독립 단계'를 거친다. 독서가 중요하다고 아이에게 억지로 읽어주어서는 안 된다. 아이와 책을 매개로 하여 대화한다고 생각하고, 아이의 성장을 편안한 마음으로 바라보아야 한다.

🦋 책을 물고 빨고 만지는 '친숙기 단계'

친숙기는 말 그대로 아이가 책과 친해지는 과정이다. 대개 태어나서 돌까지를 말한다.

이 시기 아이들은 구강기의 특성을 가지고 있어서 무엇이든 입으로 탐색하려 한다. 입 속으로 책을 넣는 것이 당연한 시기인 것이다.

아이가 책을 찢거나 먹는 것이 싫어서 아이 손에 닿지 않는 곳에 책을 전시만 해놓는 경우도 있다. 나 역시 책이 찢어지는 것을 무척 싫어했다. 첫째아이는 조심성이 많아서 책을 찢은 적이 거의 없었다. 책을 찢으면 안 된다고 말한 적은 없지만, 실수로 찢는 것 말고는 책을 찢지 않았다. 그에 비해 둘째아이는 두꺼운 보드북 표지도 찢는, 손가락 힘이 남다른 아이였다. 하지만 두 돌이 지나면서는 그런 일이 부쩍 줄어들었다. 책을 찢는 행동 또한 한때다. 찢어진 책은 다시 테이프로 붙여서 보자.

책이 찢어지면 다시 볼 때 불편하다는 피드백 정도는 해주어도 된다. 책을 한창 찢고 싶어 할 때는 신문지나 음식 전단지 책자를 주는 방법도 있다.

아이가 찢은 책은 테이프로 붙여서 보면 된다고 생각하면 책 찢는 것을 편안한 마음으로 받아들일 수 있다. 아이가 보는 책을 중고로 팔 때쯤이면 10년은 훌쩍 넘어갈 테니, 어차피 헐값이다. 책은 보려고 산 것이지, 전시했다가 되팔려고 사는 것이 아니다.

나는 오히려 너덜너덜해진 책을 좋아했다. 그만큼 아이가 그 책을 좋아하고 많이 보았다는 것을 의미하기 때문이다. 책이 망가지는 것을 보는 게 너무나 힘들다면 쉽게 찢어지는 페이퍼백이나 날카로운 모서리의 책보다는 책 끝이 부드럽게 마감되어 있는 보드북으로 사주면 된다. 길어도 1~2년 정도이니, 아이가 마음껏 물고 빨고 탐색할 수 있도록 안전한 책들로 마련해 주자.

아이에게는 책도 장난감의 한 종류일 뿐이다. 따라서 생활놀이가 아이에게 일상이 되듯이, 책도 일상이 되도록 책이 밟히는 환경을 만들어주는 것이 좋다. 아이가 단잠에서 깨었을 때 눈에 띄는 곳에 책이 있으면 기분 좋은 상태에서 책을 보게 된다. 아이의 생활 범위 곳곳에 책을 깔아주자. 그러면 아이는 책과 친숙해진다.

실제로 우리 아이들을 보면, 책이 집안 여기저기에 있을 때와 가지런히 책장에 꽂혀 있을 때 중 전자일 경우 책을 잘 읽었다. 집안 정리를 중요하게 생각하는 부모라면, 책 표지를 정면으로 꽂을 수 있는 철제 책꽂이를 활용하는 것도 좋은 방법이다.

바구니에 책을 담아 집안 곳곳에 배치하는 것도 좋다. 예전엔 책장이 부족해서 잘 보는 책들만 모아서 바구니에 담아두었는데, 아이들이 책 보는 횟수가 엄청 늘었을 뿐 아니라, 나도 책을 꺼내러 가는 수고를 덜 수 있었다. 특히 잠자리 위에 올려둔 바구니는 2만 퍼센트 활용했다고 자신한다. 독서등만 켜둔 채 손만 뻗어 잡히는 대로 읽어주면 되었기 때문에 육아에 지친 엄마에게는 최고의 아이템이 아닐 수 없다.

아이에게 어떤 책을 주어야 하는지 고민하기보다는 다양한 종류의 책을 소개해 주어서 아이가 좋아하는 책을 파악하는 것이 중요하다. 헝겊책, 촉감책, 토이북, 팝업북, 플랩북, 사운드북 등 다양한 재질과 방식으로 된 책을 소개해 주자. 처음에는 아이가 좋아하는 것을 잘 몰라서 읽지 않는 책들도 더러 있겠지만, 점점 책 보는 안목이 높아져 아이가 좋아할 만한 책들로만 쏙쏙 고를 수 있게 된다. 아이가 흥미를 느끼는가, 느끼지 않는가는 아이의 눈빛이 그 책에 얼마나 오랫동안 머무는지를 보면 알 수 있다.

아이마다 좋아하는 책의 성향과 수준은 다르다. 첫째아이가 잘 본 책을 둘째아이가 잘 본다는 보장은 없다. 둘째아이가 있다면 둘째아이의 성향에 맞는 책으로 소유 욕구를 채워주어야 한다.

친숙기 단계에서는 아이가 처음 접하는 다양한 사물과 동식물, 주변 인물 등이 담긴 사물 인지 그림책을 보여주는 것이 좋다. 그림은 단순하고 글자 수도 적은 것으로 선택하자. 그림과 글의 내용이 정확히 매치되는 것이 좋은 그림책이다. 아이는 엄마가 읽어준 글의 내용을 그림을 통해서 파악하기 때문이다.

이후 아이의 발달에 따라 책의 수준을 높여가면 된다. 아이가 좋아하는 분야의 책은 수준이 높더라도 잘 받아들이는 경향이 있으므로 아이의 관심사를 잘 파악하는 것은 무척 중요하다.

나의 경우, 첫째아이 때는 나이를 고려하여 책을 들였는데, 둘째아이는 이미 오빠가 가진 책이 있는 상태에서 태어나서 그런지, 책의 수준을 가리지 않고 읽었다. 책을 읽는 데 족히 30분이 걸리는 책들도 잘 보았다. 그런 것을 보며, 더욱더 책 추천은 의미가 없다는 걸 깨닫게 되었다. 책 추천은 참고 사항일 뿐, 필수 사항은 아니다.

처음 아이에게 책을 읽어줄 때는 조금 과장된 말투와 제스처로 아이의 흥미를 끄는 것이 바람직하다. 노래도 불러주고 동물 흉내도 내며, 아이에게 책은 재미있는 것이라는 생각을 심어주는 것이다. 이때 책을 처음부터 끝까지 읽어주려는 욕심을 부려서는 안 된다. 아이가 책장을 빠르게 넘기면 넘기는 대로 간략하게 설명해 주자. 단 한 페이지를 본다고 하더라도 재미있게 본다면 성공한 것이다. 책은 단지 대화의 매개체라는 사실을 잊지 말자. 엄마가 아이에게 사용하는 어휘는 한정될 수밖에 없으므로 책을 통해 부족한 어휘를 보완해 주자.

또한 엄마가 책 읽는 모습을 자주 보여주는 것도 중요하다. 아이는 부모의 뒷모습을 보고 자란다는 말이 있다. 책 읽는 엄마의 뒷모습을 보며 자란 아이는 책을 가까이하며 즐기는 어른으로 성장해 간다.

🦋 책을 장난감처럼 생각하는 '책 놀이 단계'

책을 장난감처럼 생각하며 노는 단계를 말한다. 돌부터 18개월까지로 본다. 이 시기 아이들은 걷기라는 막강한 이동 능력을 얻은 만큼 한시도 가만있지 않고 호기심을 충족시킨다. 활동 범위가 집에서 밖으로 넓어졌으므로 안전에 대한 주의가 필요하다. 크게 위험하지 않는 범위 안에서 아이가 마음껏 놀 수 있는 환경을 만들어주자.

이 시기에는 책을 단순히 읽어주고 끝내는 것이 아니라, 다양한 책놀이도 시도해 볼 수 있다. 책으로 징검다리도 만들고, 도미노도 만들어보자. 책장에 있는 책을 모조리 꺼내는 것만으로도 아이에게는 재미있는 놀이가 된다. 엄마 입장에서 보면 너무나도 힘든 일이지만, 아이는 그러한 활동을 통해 손가락 근육의 힘을 기르고 있다. 누가 특별히 말해 주지 않아도 자신에게 필요한 발달을 척척 해내는 아이를 기특하게 바라보면 힘들다는 생각도 조금은 줄어들 것이다.

책 놀이 단계에서는 아이의 일상이 담긴 생활동화나 창작동화, 자연관찰책, 도감이나 백과사전을 보여주는 것이 좋다.

또한 이 시기 아이들은 반복을 무척이나 좋아해서, 엄마가 질릴 정도로 같은 책을 반복해서 본다. 나는 지금도 이 시기에 아이가 보던 책 중 툭 치면 줄줄 읊어댈 정도의 책이 여러 권 있다. 그만큼 반복을 많이 했다. 대부분의 아이들이 책을 반복하면서 배움의 즐거움을 만끽하지만, 유독 반복을 싫어하는 아이들도 있으므로 우리 아이는 반복하지 않는다고 해서 불안해하지 말자.

또다시 짚신 장수, 우산 장수 이야기로 돌아갈 수밖에 없다. 한 가지 책만 반복해서 읽는 아이의 엄마는 책을 골고루 볼 수 있는 방법을 묻고, 책을 반복하지 않는 아이의 엄마는 책을 한 번 읽고 다시 읽지 않는다며 걱정한다.

어떤 책 읽기도 잘못되지 않았다. 아이가 즐겁고 재미있게 읽는다면 그것이 우리 아이에게 맞는 책 읽기다. 많은 부모들이 이래도 걱정을 하고 저래도 걱정을 한다. 나 또한 그랬다. 몇 년이 지나고 나니, 모두 부질없는 걱정이었음을 지금은 너무나 잘 알고 있다.

글자도 모르는 아이가 혼자서 책을 읽는다고 걱정하기도 하는데, 우리 둘째아이가 딱 그랬다. 책을 두 권 들고 와서 나한테 읽어달라고 하고서는, 자기는 다른 책을 펼쳐서 봤다. 내가 아이가 들고 있는 책을 읽으면 읽지 말라고 하고 내가 들고 있는 책을 읽으라고 했는데, 엄마 입장에서 그런 아이의 행동을 이해하기 어려웠다. 하지만 이런 아이들의 경우 한글만 알면 읽기 독립이 빨리 된다는 장점이 있으므로 아이의 모습을 있는 그대로 존중해주면 된다.

우리 둘째아이처럼 엄마한테 책을 읽어 달라고 하고는 자신은 다른 놀이를 하는 아이가 있다면, 책을 읽는 도중에 멈춰보자. 이

때 아이가 다시 읽으라고 하면 듣고 있는 것이므로 계속 읽어주면 된다. 아이는 동시에 여러 가지 활동을 수행하기도 한다. 첫째 아이도 CD로 동요를 들으며 동화책을 보다가도, CD가 끝나자마자 다시 틀어달라고 했다.

🦋 '또! 또!' 읽어달라고 외치는 '책의 바다 단계'

무섭도록 몰입하며 책을 읽는 시기다. 보통 18~36개월 아이들에게서 나타난다. 제1반항기 시기이기도 해서 자아에 눈을 뜨며, "싫어!", "안 해.", "아니야.", "내 거야." 등의 말을 하기 시작한다. 유아와 어린이의 중간 단계로, 의존하고도 싶고 독립하고도 싶은 이중적인 마음 때문에 이래도 지랄(?) 저래도 지랄(?)하는 시기이다. 따라서 부모는 힘든 시간을 보낼 수밖에 없다.

아이는 사회에 반항하며 자신의 한계를 시험하려 들기 때문에 위험하거나 잘못된 행동을 할 때는 단호히 제재를 가해야 한다. 다만 아이의 감정만은 받아주고 공감해 줄 필요가 있다. 우리는 소위 긍정적 감정과 부정적 감정을 나누지만, 사실 감정에는 좋고 나쁨이 없다. 우리 세대에는 울면 안 된다고 배웠다. 그러나 눈물에는 슬픔을 치유할 수 있는 힘이 있다. 실제로 울음치료라는 심리 치료 방법도 존재한다. 그러므로 아이의 기쁨, 즐거움, 행복, 슬픔, 분노, 억울함 등 감정은 있는 그대로 수용해 주고 그 행동만 바로잡아 주자. 그러면 아이는 똑같이 제재를 받더라도 자신이 못나서 혼난 것이 아니라, 행동이 잘못된 것일 뿐 여전히 소중하고 가치 있는 존재라고 생각하게 된다.

아이의 감정을 아이의 것으로 바라보는 것은 매우 중요하다. 많은 엄마들이 아이의 감정을 엄마 자신의 감정으로 가져오기 때문에 그대로 바라보기 힘들다. 아이의 감정은 아이의 것이다. 엄마는 그저 아이의 속상한 감정만 알아주고 감싸주면 된다.

아이의 문제를 엄마 자신의 문제로 가져와 해결해 주려고 하면 걷잡을 수 없이 힘들다. 나 역시 이 부분은 여전히 어렵다. 하지만 아이와 나를 분리해서 보려고 꾸준히 노력하고 있다.

이 시기에는 책을 읽어주면 "또! 또!"라는 말이 나오면서 책 읽는 시간이 부쩍 늘어난다. 심지어 밤에 잠도 자지 않고 책을 읽어달라고 조른다. 예준이도 예외는 아니었다. 저질 체력의 엄마가 꾸벅꾸벅 졸면서 책을 읽어주면 아이가 "틀렸어! 똑바로 읽어줘!" 하며 버럭 소리를 질렀다. 반복을 많이 했던 만큼 눈을 감은 채 책 내용을 읊어준 적도 부지기수였다.

그러다 결국 웅얼웅얼거리며 잠들어버리면 아이는 내 잠을 깨우느라 눈을 까뒤집고 책으로 내 얼굴을 찍기도 했다. 그 당시에는 너무너무 힘들었는데, 지나고 나니 '그때 좀 더 아이의 욕구를 충족시켜줄 걸.' 하는 후회도 든다.

하지만 각자 처해진 상황이 있고 체력도 다르므로 부모가 해줄 수 있는 선에서 최선을 다하면 된다. 나는 그나마 전업주부라서 새벽까지 책을 읽어줄 수 있었지만, 맞벌이 부부라면 부모와 아이가 동시에 행복해질 수 있는 타협점을 찾아야 한다.

책 읽기를 시작할 즈음에는 책과 친해지라고 구연동화처럼 읽어줄 수 있지만, '책의 바다' 단계가 왔을 때 그렇게 읽어주다가는 목이 남아나지 않을 것이다. 엄마가 가장 편안한 목소리로 덤덤하게 읽어주어도 이미 책의 재미에 푹 빠진 아이는 개의치 않는다.

그리고 모든 아이가 책의 바다를 건너는 것은 아니다. 우리 첫째아이도 하루에 수백 권씩 읽을 때가 있었지만, 돌이켜보니 휴식기 없이 꾸준히 책을 읽는 아이에 가깝다. 반면, 둘째아이는 책의 바다의 경계가 확실한 쪽이다.

아이가 책의 바다에 빠지면 빠진 대로, 개울가를 건너면 건너는 대로 아이와 함께 즐거운 책 읽기를 하면 된다. 아이가 읽는 책의 숫자가 중요한 것이 아니라, 숨 쉬는 공기와 같이 책이 일상에 녹아들 수 있게 해주는 것이 중요하기 때문이다. 책이 공기가 되면 아이는 자신이 가장 좋아하는 만화영화를 보다가도, 깔깔깔 떠들고 놀다가도 어느 순간 조용히 책을 수북이 쌓아놓고 볼 것이다.

많은 부모들의 경우, 아이가 책의 바다에 빠지지 않는다고 걱정하다가도, 막상 책의 바다에 빠지면 책만 너무 본다고 걱정한다. 나 또한 그런 시절이 있었다. 확실하게 말할 수 있는 것은 일희일비할 필요가 전혀 없다는 것이다. 내 아이가 정답이다.

이 시기에는 아이가 몰입하고 있는 분야의 책을 중심으로 넣어주면 된다. 한 분야에 충분히 몰입된 아이가 다른 분야로 관심이 확장될 때면 확장된 분야에 대한 책을 넣어주며 아이를 따라가면 되는 것이다. 아이의 관심 분야를 가장 잘 파악할 수 있는 것은 백과사전이다. 백과사전 중에 아이가 유독 잘 보는 페이지가 있다면 관련된 책을 사주면 된다.

백과사전을 통해 호기심이 어디로 흘러가는지 파악한 후, 아이가 관심 있어 하는 분야의 도감도 사줘 보자. 아이는 도감을 보면서 1차 분류, 2차 분류에 대해 자연스럽게 배울 수 있다. 그 외 스토리가 있는 창작동화나 바른 생활을 잡아주는 인성동화, 과학동화, 수학동화, 전래동화, 명작동화, 성교육동화 등 다양한 영역을 아이 수준에 맞게 읽어주어 보자. 책을 읽어주면서 동시에 재미있게 한글떼기를 시도해 본다면 금상첨화다.

아이마다 책을 읽는 분야도 다르고 방식도 다르다. 한 가지 분야에 무섭도록 파고들며 책을 읽는 아이들이 있는 반면, 분야를 가리지 않고 주는 대로 읽는 아이들도 있다. 우리 아이들의 경우,

첫째아이는 전자에 가까웠고, 둘째아이는 후자에 가까웠다.

전집을 사면 첫째아이는 책의 1/3을 보면 많이 보는 편이었다. 자신이 좋아하는 책만 무한정 반복해서 보았고, 다른 책은 거들 떠보지도 않았다. 진짜 책이 너덜너덜해질 때까지 보았다. 책 한 권만 계속 읽어주면 되었으므로 책을 가지러 왔다갔다하지 않아도 되어서 편했다. 도서관에 있는 전집 중 잘 보는 책만 낱권으로 사주면 되었으니 책값도 얼마 들지 않았다.

하지만 이랬던 첫째아이도 조금 더 크고 나서는 책 읽는 범위가 넓어졌다. 특히 아이는 수학동화 전집을 1권부터 마지막 권까지 앉은 자리에서 다 읽고 워크북도 다 풀어야 직성이 풀리는 아이가 되었다. 우리 집에는 수학 전집이 10질 정도 있는데, 수학동화만큼은 호불호 없이 모두 반복해서 읽었다. 이처럼 아이가 정말 좋아하는 분야는 가리지 않고 본다.

둘째아이는 반복해서 책을 보지 않지만, 전집을 순서대로 보는 편이라 책값이 아깝다는 생각이 들지 않는다. 반복하지 않으니 똑같은 책을 읽느라 지겹지 않아서 좋았다. 엄마가 보여주고 싶은 책도 잘 보고, 마음에 들면 한 번 더 읽어달라고 한다. 물론 둘째아이 책도 한 달에 한 번 구입해 주지만, 첫째아이가 보던 책을 편식 없이 잘 보는 편이다. 이렇게 좋은 점만 보면 어떤 것도 다 괜찮다. 같은 일이 있을 때 관점을 어디에 두느냐가 핵심이다.

🦋 한 템포 쉬어가는 '휴식기 단계'

책을 잘 보던 아이가 갑자기 책 읽기가 뜸하다면 볼 만한 책이 없어서일 수도 있고, 책의 휴식기일 수도 있다. 휴식기라면 책 읽기 대신 다양한 신체활동이나 바깥놀이에 좀 더 치중할 것이다. 이를 구분하는 방법은 책 읽기가 뜸할 때 아이가 좋아할 만한 책을 한 질 들이거나, 책을 재배치했을 때 다시 책에 빠져드는지 살펴보면 된다. 다시 책에 빠져들면 휴식기가 아니다.

환경에 변화를 주었는데도 책을 멀리한다면 휴식기이므로 느긋하게 아이를 바라봐주자. 충분한 휴식을 통해 머릿속을 정리한다면 다시 책에 몰입할 것이다.

🦋 글을 읽는 데 자유로운 '읽기 독립 단계'

사회의 한 구성원으로 생활할 수 있도록 적응하는 과정이자 자아를 확립하는 시기이다. 책을 스스로 읽는 독립의 단계로 보통 36~72개월 사이이다. 단순히 책을 혼자 읽을 수 있다는 의미가 아니라, 자발적으로 책 읽기를 즐기며, 책 읽는 것이 행복이자 기쁨이 되는 단계를 목표로 한다. 읽기 독립에 대해서는 뒤에서 자세히 다룰 것이다.

어릴수록 아이 소유의 책이 있어야 한다. 새 책을 사기가 부담스럽다면 중고서점을 적극적으로 활용하면 된다. 특히 어린아이는 반복을 많이 하기 때문에 더욱더 자신의 책이 필요하다. 아이가 어떤 특정한 책을 읽고 싶어 할 때 그 책을 바로 볼 수 있게 해주어야 책에 대한 흥미가 떨어지지 않는다.

만약 아이가 원하는 책을 모두 사줄 수 없다면 도서관을 활용하면 된다. 임신과 출산으로 도서관 방문이 어려울 때는 도서관에서 예약한 책을 택배로 발송해 주는 복지 서비스를 활용해 보자. 몸이 무거운 임산부나 영아기 부모라면 얼마든지 이용할 수 있다.

도서관에 갈 수 있을 만큼 아이가 자랐다면 아이와 도서관에서 함께 책을 골라보자. 다만 어린이 도서관이라 할지라도 아이들이 떠드는 것은 다른 사람에게 방해가 되므로 최대한 빨리 책을 빌려 나오는 것이 좋다. 타인에게 방해를 주지 않는 것도 중요하고, 아이가 부정당하는 경험을 최소화시키는 것도 중요하기 때문이다.

가족들도 대출증을 하나씩 만들어 같은 책을 돌려가며 빌리거나 여러 도서관에서 같은 책을 교차로 빌리면 아이가 원하는 시기에 마음껏 보게 해줄 수 있다. 그렇지만 아이가 계속 반복해서 볼 정도로 좋아하는 책이라면 사주는 것이 바람직하다.

도서관에서 책을 고를 때는 아이가 직접 보고 싶은 책을 고르게 하고, 엄마가 아이에게 보여주고 싶은 책도 몇 권 고른다. 그런 다음 엄마가 고른 책 중에서 아이가 보고 싶다고 하는 책들을 포함시켜서 빌려오면 된다.

첫째아이는 책을 보는 성향이 워낙 뚜렷해서 자신이 보고 싶은 책만 봤기 때문에 엄마인 내가 대충 알아서 골라간 날은 하나도 읽지 않은 채 그대로 반납하기 일쑤였다. 그래서 아이가 좋아하는 책들로만 대출했다. 독서가 너무 한쪽으로 치우쳐 걱정될 때면 다른 장르의 책을 몇 권 빌려서 한번 읽어보라고 권하는 정도는 꾸준히 시도해 주었다.

둘째아이도 자신이 읽고 싶은 책을 똑부러지게 잘 골라온다. 둘째아이보다 내가 훨씬 그 도서관에 오래 다녔는데, 어디에 있는지도 모르는 재미있는 책들을 쏙쏙 뽑아 와서 내가 오히려 어디서 가지고 왔는지 물어봐야 할 정도다.

🦋 아이가 직접 책을 고를 수 있는 기회를 주어라

첫째아이가 책 읽는 성향이 뚜렷하다 보니 어릴 때부터 책을 주문할 때 아이 의견을 적극적으로 반영했다. 한 달에 한 번 정해진 금액만큼 책을 샀는데, 아이가 그동안 도서관에서 읽어보고 재미있었던 책들 중에서 갖고 싶어 하는 책들로 가격 내에서 주문했다. 금액을 초과하면 다음 달에 사주었고, 너무 비싸거나 단종된 책들은 도서관에서 빌려보았다.

특별히 사고 싶은 책이 없을 때는 "수학동화랑 창작동화 중에 어떤 책으로 살까?"라든지 "영어책이랑 한글책 중에 어떤 책을 갖고 싶어?", "재미있게 나온 역사동화가 있다는데 한번 읽어볼래? 관심이 있니?"라고 물어보고 책을 샀다. 어차피 겉표지만 보고도 책의 호불호가 갈리는 아이라서 아이도 만족하고 우리 집 경제 사정도 감안한 방법이었다.

책이 아니더라도 아이 물건은 자신이 원하는 것으로 직접 선택할 수 있는 기회를 주자. 오늘 먹을 간식이나 식사 메뉴, 군것질거리, 장난감이나 옷, 신발, 모자, 학용품 등 사소한 것이라도 아이 물건은 스스로 선택할 수 있게 해주는 것이 좋다. 나는 가격의 상한선은 정해 주되, 그 안에서 아이가 고른 물건은 대부분 존중해 주었다.

정말 비실용적으로 보이는 물건을 사겠다고 할 때는 차근차근 이유를 설명하면서 다른 것으로 바꾸는 게 어떠냐고 말해 주었다. 그래도 아이가 사겠다고 하면 사게 해주었다. 그런 장난감이 생각보다 재미없음을 아이 스스로 깨달으면서 물건 보는 안목이 생기고, 더 나아가서는 시행착오를 이겨내는 힘도 기를 수 있다. 아이 스스로 생각하고 선택할 수 있는 힘을 기르게 도와주자.

아이가 100퍼센트 마음에 들어 하는 장난감이 있는데, 굳이 엄마가 개입해서 80퍼센트 만족감을 주는 다른 장난감을 사줄 필요는 없다. 가정 경제에 부담되지 않는다면 아이가 가장 만족하는 것들로 사주자.

또한 아이의 생각이나 결정을 엄마의 바람이나 편의로 조절하지 말자. 아이는 조금 멀리 있는 그네가 있는 놀이터에 가고 싶어 하는데, 굳이 가까운 놀이터로 가지 말라는 것이다. 자신이 가장 만족할 수 있는 것을 스스로 선택하고 행복이라는 감정을 경험할 수 있게 해주자. 아이가 반복해서 80퍼센트의 만족감을 얻었다면 성장해서도 그 정도의 행복감을 선택할 것이다. 그만큼 무의식의 습관이 무섭기 때문이다.

첫째아이 유치원에서는 1년에 한 번 바자회가 열린다. 자신이

예준이 것

예슬이 것

우물우물 냠냠

유치원에서 열린 바자회에서 아이가 골라온 물건들(부츠, 티셔츠, 버스, 양말은 예준이 것, 원목 실로폰, 오뚝이, 모자, 책은 예슬이 것).

가져간 물건의 수만큼 티켓을 받고, 그 티켓으로 다른 아이들이 가져온 물건을 살 수 있다. 바자회를 끝마치고 집에 왔는데, 다섯 살짜리 아이가 얼마나 물건을 잘 골라왔는지 감탄이 저절로 나왔다. 어렸을 때부터 선택권을 주기를 잘했다는 생각을 했다.

나는 첫째아이가 어렸을 때부터 아이와 함께 도서관에 많이 다녔다. 무거운 책가방에 아이까지 아기띠로 메고 가는 것이 너무 힘들었지만, 아이와 함께 계절을 느끼고, 이야기를 나누고, 매점에서 맛있는 것을 사먹었던 그 시간들이 지금은 너무나 소중한 추억이 되었다. 그리고 그 추억이 아이에게는 사랑이 되어주었다. 환경을 탓하지 말고 할 수 있는 것을 꾸준히 하면 된다. 책 육아는 가난한 자의 교육이라는 말이 딱 맞다.

아이마다 좋아하는 감각이나 발달 속도가 다르다. 아이가 어떤 감각을
좋아하고 잘 반응하는지 세심하게 관찰해 보고 한글놀이에 적용해 보면 무작정
한글놀이를 시도할 때보다 훨씬 효율적이다. 하지만 무 자르듯이 감각이
나뉘는 것이 아니므로, 좋아하는 감각을 중심으로 아이가 여러 감각을
느낄 수 있게끔 다양한 자극을 주는 것이 바람직하다.

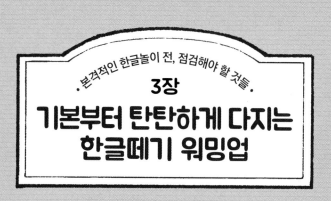

· 본격적인 한글놀이 전, 점검해야 할 것들 ·

3장

기본부터 탄탄하게 다지는
한글떼기 워밍업

본격적인 한글놀이 전, 점검해야 할 것들

엄마도 아이도 행복한 한글떼기의 기적

한글을 일찍 떼면 좋은 점이 무엇일까? 많은 부모들이 막연하게 아이의 한글을 일찍 떼고 싶어 하지만, 일찍 떼면 좋은 이유에 대해서는 깊이 생각해 보지 않는다. 목적을 알면 가는 길이 그리 힘들지 않으므로 한번쯤 점검해 보는 것이 좋다.

한글을 일찍 떼면 엄마도 좋지만 아이에게도 좋다. 엄마는 아이가 책을 읽을 때 다른 볼일을 볼 수 있고, 아이는 엄마의 스케줄에 상관없이 자신이 읽고 싶은 책을 마음대로 읽을 수 있다.

둘째아이가 있을 경우 그 위력은 대단하다. 대부분 두 아이가 서로 책을 읽어달라고 다투는데, 첫째아이가 스스로 책을 읽을 수 있으면 둘째아이에게만 집중할 수 있다. 둘째아이가 태어날 때까지 첫째아이가 한글을 익히지 못했다고 실망할 필요는 없다.

두 아이가 함께 한글을 배울 수 있는 방법은 많다.

한글은 스스로 지식을 받아들이는 강력한 도구다. 한글을 뗐다는 것은 아이 혼자서도 원하는 지식을 얼마든지 받아들이고 확장해 나갈 준비가 되었다는 것이다. 예전에는 엄마가 이야기해 주는 것만 정보로 받아들였다면, 이제는 길을 가다가도 간판이나 표지판, 안내문 등을 보고 질문하며 지식을 얼마든지 확장해 나갈 수 있다.

♛ 한글떼기에 대한 오해와 진실

흔히 한글을 일찍 떼면 창의력이 없어진다고들 한다. 글자를 보느라 그림을 보지 않기 때문이라는 것이다. 하지만 정말 그럴까? 예전에는 그런 말에 흔들릴 때도 있었지만, 지금은 확실히 말할 수 있다. 처음 한글을 떼고 익숙해질 때까지는 일시적으로 글자만 볼 수 있다. 하지만 늦게 한글을 뗀 아이에게도 같은 현상은 일어난다. 그리고 곧 글이 익숙해지고 나면 그림을 보게 되어 있다.

첫째아이가 한글을 일찍 뗐지만, 《바다 100층짜리 집》 같은 책을 잡으면 30분에서 한 시간은 그림만 쳐다본다. 또한 곰을 그림으로 보았을 때는 하나의 이미지만 생각하지만, 글을 읽으면 여러 가지 곰을 상상할 수 있기 때문에 상상력이 떨어지지 않는다.

오히려 글만 읽었을 때 더 많은 이미지나 상황을 상상하지 않는 가? 또한 한글을 일찍 뗀 아이들도 상상놀이에 빠지는 시기가 있다.

한글을 일찍 떼면 난독증이나 유사자폐를 앓게 된다는 말이 있다. 나 또한 난독증이나 유사자폐가 두려웠던 사람이다. 왜냐하면 아이가 한글을 생후 10개월부터 알려달라고 했기 때문이다. 아직 돌도 안 된 아이가 글자를 읽어달라고 했을 때의 두려움은 생각보다 컸다.

영어처럼 p나 q, b나 d와 같이 뒤집었을 때 소리가 다른 경우 아이에게 일찍 문자를 가르치면 난독증이 올 수 있지만, 한글에는 그런 문자가 없기 때문에 한글을 일찍 뗀다고 해서 난독증이 오지 않는다고 한다. 초독서증과 같은 유사자폐는 아이의 정서를 채워주지 않고 오로지 글자만 가르치거나, 단어의 뜻도 모르는데 글자만 가르칠 때 해당된다. 아이에게 가장 필요한 사랑을 듬뿍 채워주고, 엄마와 상호관계가 좋은 아이에게는 해당사항이 없다고 생각한다. 더욱이 재미있는 놀이로 한글을 뗀다면 엄마와 상호작용이나 교감의 기회가 늘어나므로 걱정하지 않아도 된다.

한글을 일찍 뗐을 때 가장 큰 장점은 엄마와 아이가 한글떼기를 하면서 밀도 있는 시간을 보낼 수 있다는 것이다. 그때 느꼈던 아이와의 연결감, 행복감, 즐거움은 나에게 지금도 큰 추억으로 남아 있다.

한글을 일찍 시작하면 늦게 시작하는 아이보다 한글을 떼는 기간이 길다는 점을 단점으로 이야기하는데, 그 또한 나는 장점이라고 생각한다. 한글떼기가 길어진 만큼 아이와 밀도 있는 시간을 보내는 기간이 늘어난다고 생각하기 때문이다.

♛ 아이가 원할 때 시작하는 '한글 적기 교육'

글자를 전혀 보여주지 않고 아이가 관심을 가질 때까지 기다리는 것보다는 자연스럽게 노출해 주면서 기회를 포착하는 것이 좋다. 예를 들어 책 제목 읽어주기, 과자 봉지 이름 읽어주기 등을 통해서 말이다.

글자를 보지 않고 그림만 보는 성향의 아이들은 한글떼기가 다소 늦어질 수 있다. 그럴 때는 느긋하게 기다려주는 것이 바람직하다. 한글을 일찍 떼거나 늦게 뗄 때 모두 장단점이 있으므로 조급해하지 말자.

한글을 늦게 뗐을 때 좋은 점은 엄마가 책을 읽어주는 기간이 길어지기 때문에 엄마와 책으로 유대감을 쌓는 시간이 늘어난다는 것이다. 그러다 보면 듣는 귀가 발달해서 학교에서 선생님의 설명을 이해하는 데 큰 도움이 된다. 그림책을 보면서 상상으로 이야기를 지어내다 보니 상상력도 풍부해진다.

첫째아이의 경우, 글자가 하나의 물체를 대신한다는 것을 깨달았던 순간이 있다. 평소와 다름없이 아이를 안고 집안을 돌아다니며 이것저것 설명을 해줄 때였다. 그러다 아이 사진이 들어간 액자 밑에 적힌 이름을 읽어주면서 "어, 여기 이예준이 있네."라고 말한 뒤 사진을 가리키며 "여기도 이예준." 하며 이야기를 했는데 아이가 숨이 넘어가게 까르르 웃어댔다. 아이가 웃으니 나도 신이 나서 반복해서 이야기해 주었다. 평소의 웃음과는 다르게 정말 무언가를 알겠다는 듯 읽어줄 때마다 까르르 까르르 웃어댔다. 한밤중인 데다 평소와 다른 모습에 살짝 무섭기까지 했는데, 지나고 나니 헬렌 켈러가 '물'이라는 글자를 깨우쳤을 때처럼 아이도 이예준이라는 글자가 자신을 가리킨다는 것을 깨달았던 것 같다.

그 뒤로 아이는 글자만 보면 손가락으로 가리키며 "으으!" 소리를 내면서 읽어달라고 했다. 그때가 10개월 즈음이었다. 난독증이 무서웠던 나는 아이가 글자를 읽어달라고 하면 일부러 못 본 체했다. 그렇게 한 달 반이 흐른 어느 날 아이가 글자를 읽어달라고 소리를 "꽥!" 지르는 것을 보고 한글떼기를 부랴부랴 시작했다. 지금 생각하니 아이가 원할 때 바로 한글을 주지 않은 것이 후회가 된다.

이처럼 연령에 상관없이 아이가 곰 이미지를 보고 곰이라는 것을 알고, 고양이라는 글자를 보고 고양이라는 이미지를 떠올릴 수 있다면 한글을 언제 시작하든 상관없다고 생각한다. 즉 글자가 어떤 물건이나 행동, 생각, 감정 등을 대체한다는 것을 아는 것이 중요하다. 아이의 나이가 몇 살인지는 중요하지 않다.

다만 아이와 엄마가 즐겁고 행복해야 하는 것이 기본 전제다. 아이가 한글에 관심을 보이는 것 같아 노출을 시작했는데 거부한다면 여유를 가지고 좀 더 기다려주어야 한다.

한글에 관심을 갖게 하려면 글자를 자연스럽게 노출시키면 된다. 우리 주변이 얼마나 많은 글자들로 둘러싸여 있는지 알려주는 것이다.

엄마가 책을 자주 읽는 것도 좋은 방법이다. 그림도 없이 글자만 빽빽한 책을 재미있게 보는 엄마의 모습을 보며 아이는 글자라는 것에 흥미를 가질 수 있다.

앞에서도 말했지만, 내가 다이어리에 아이의 성장이나 하루 일과를 적는 모습을 아이가 자주 보았다. 이처럼 글 쓰는 모습을 자주 노출해 준 것도 아이가 글자에 관심을 보이는 계기가 된 듯하다.

본격적인 한글놀이 전, 점검해야 할 것들

아이의 기질에 따라 달라지는 한글놀이

아이들이 모두 다르듯이 엄마들도 모두 다르다. 그런데 아이들은 다르다고 믿으면서, 정작 엄마인 본인은 완벽한 엄마와 비교하며 끊임없이 채찍질하는 게 현실이다.

자신이 줄 수 있는 것을 주되, 줄 수 없는 것에 아파하지 말자. 그리고 자신이 해주고 있는 것이 있다면 그것을 인정해 주길 바란다. 자신이 하고 있는 것을 인정하지 않고, 오로지 해주지 못하는 것에만 초점을 맞추고 아파한다. 초점을 어디에 맞추느냐에 따라 마음가짐은 180도 달라질 수 있다. 기본 육아에서도 그렇지만, 한글떼기를 할 때도 엄마 자신을 아는 것은 무척 중요하다.

아이마다 좋아하는 감각이나 발달 속도가 다르다. 아이가 어떤 감각을 좋아하고 잘 반응하는지 세심하게 관찰해 보고 한글놀이에 적용해 보면 무작정 한글놀이를 시도할 때보다 훨씬 효율적이다. 하지만 무 자르듯이 감각이 나뉘는 것이 아니므로, 좋아하는 감각을 중심으로 아이가 여러 감각을 느낄 수 있게끔 다양한 자극을 주어야 한다. 좀 더 복합적인 감각의 아이들도 있지만, 아이의 감각에 따라 크게 3가지 유형으로 나누어볼 수 있다.

♛ 시각형 아이

시각적인 자극을 선호하고 민감하게 반응하는 아이다. 평소 예쁜 색깔이나 그림에 관심이 많고, 동화책을 고를 때 책의 내용보다는 다채로운 색상이나 그림에 기준을 두는 아이라면 이런 성향일 가능성이 크다. 그림을 그리거나 색칠하는 것을 좋아하고, 옷을 입을 때나 그림을 그릴 때 다양한 색을 사용하며, 색을 조화롭고 센스 있게 매치하고 사용할 줄 안다.

이런 아이는 글자에 그림이 그려 있거나 그림 속에 글자가 있으면 더 좋아한다. 단순히 먹글자보다는 다채로운 색글자로 아이의 흥미를 자극해 주자.

♛ 청각형 아이

청각적 자극에 민감한 아이다. 아주 작은 소리에도 예민하게 반응하며, 처음 듣는 소리에 관심이 많다. 노래와 동시를 좋아하고, 수시로 노래를 흥얼거린다. 듣는 귀가 유난히 발달하여 같은 내용도 리듬감 있게 알려주면 쉽게 받아들인다. 이런 유형의 아이는 단순히 단어를 읽어주기보다는 의성어나 의태어를 곁들여 리듬감 있게 읽어주는 것이 좋다.

예를 들어 '토끼'라는 단어가 있다면 "토끼, 토끼, 깡충, 깡충, 당근, 당근!" 하고 음율에 맞춰 읽어주는 식이다. 또는 기존의 동요를 응용해서 단어를 읽어주거나 《말놀이 동시집》과 같이 의성어, 의태어가 많이 들어간 시를 운율감 있게 읽어주는 것도 좋은 방법이다.

♛ 체각형 아이

체험을 통해서 배우는 활동적인 아이다. 가만히 앉아서 노는 것보다는 움직이며 노는 것을 좋아하고, 신체 발달도 유난히 빠르다. 이런 아이는 '사과'라는 글자를 보면 냉장고에 있는 사과를 꺼내서 먹어보아야 하고, '토끼'라는 글자를 보면 토끼처럼 '깡충깡충' 뛰어봐야 한다. 하나하나 모두 체험해 봐야 직성이 풀리기 때문에 다른 아이에 비해 배움의 속도가 느리게 느껴질 수도 있다. 그러나 체각형 아이는 하나를 배워도 제대로 배운다는 장점이 있다. 다를 뿐이니, 아이의 고유한 특성을 아끼고 사랑해 주자.

체각형 아이의 경우, 여러 단어를 깔아놓고 주위를 빙글빙글

돌면서 "즐겁게 춤을 추다가 고양이에 멈춰라!" 하면 '고양이' 글자 위로 폴짝 올라가는 놀이처럼 아이의 운동 욕구를 채워줄 수 있는 놀이로 한글을 노출해 주자.

엄마들은 대부분 아이의 아웃풋에 민감하다. 아웃풋을 하는 유형은 크게 두 가지다. 인풋을 주는 족족 찾아 쓰는 저금형과 넘칠 때까지 꾹꾹 눌러 담았다가 한꺼번에 터뜨리는 적금형이다. 나는 두 아이 모두 바로바로 아웃풋이 나오는 저금형 아이들이라서 한글 진행이 수월한 편이었다. 아이마다 성향이 다를 수 있으므로 아웃풋이 나오지 않더라도 아이를 믿고 꾸준히 노출해 보자.

♛ 엄마의 성향에 따라 한글떼기 방법도 달라진다

엄마가 준비형인지 즉흥형인지도 중요하다. 요즘 한글떼기를 진행하는 엄마들을 보면 얼마나 정성스럽게 교재를 만들어서 준비하는지 감탄사가 나올 정도다. 에너지 총량의 법칙이 있는 나 같은 엄마 입장에서는 참 대단하다고 느껴진다.

정성껏 교구를 만들어서 한글놀이를 해준다면 정말 좋겠지만, 엄마가 힘들면 차라리 하지 않는 것이 좋다. 교재를 만든 시간과 노력이 아까워서 아이에게 강요할 수도 있기 때문이다. 다만, 엄마가 손재주가 좋고, 힘들게 만든 교재를 아이가 갖고 놀지 않아도 상관없다면 열심히 준비해도 좋다.

나는 즉흥형이라 아이가 좋아하는 놀이에 한글을 접목시켰다. 아이가 지금 하고 있는 놀이를 함께 하면서 글자를 만들고 놀아 준 것이다. 아이가 관심을 보이지 않으면 그만두면 되기 때문에 아까울 것도 없었고 욕심이 들어갈 일도 없었다.

아이가 흥미 있어 하는 놀이가 있다면 아이와 함께 글자를 만들면서 진행해도 되는데, 이 경우 글자를 만드는 것 자체가 한글 노출이 될 수 있고, 시간 또한 잘 흘러간다. 하지만 글자를 만드는 시간을 지루해하거나 기다리지 못한다면 아이와 한글 없이 즐겁게 놀고 아이가 잘 때 글자를 준비하여 다음번 놀이 때 활용하자.

본격적인 한글놀이 전, 점검해야 할 것들

아이의 관심사에 한글떼기 답이 있다

아이마다 좋아하는 분야가 다르다. 공룡, 자동차, 꽃, 물고기, 공주, 나라, 숫자, 동물 등 무궁무진하다. 아이의 관심사를 파악해서 한글을 넣어주는 것만으로도 많은 단어를 익힐 수 있다. 아이가 좋아하는 것들이기 때문에 한글놀이를 거부할 이유도 없다. 실제로 자동차나 공룡 이름만으로 한글을 떼는 아이들도 있다. 따라서 아이의 관심사에 한글을 접목시키는 놀이 몇 가지를 소개하려고 한다.

♛ 도감 만들기

아이가 좋아하는 분야에 분류를 더함으로써 아이의 두뇌가 스스로 어떤 물체를 조직화, 분류화할 수 있게끔 도와주는 놀이이다. 아이의 지식은 분류의 깊이와 넓이에 달려 있다고 해도 과언이 아니다. 벚꽃과 매화꽃의 차이를 구분하는 아이는 두 꽃 사이의 공통점과 차이점을 비교하고 분류함으로써 관찰력과 사고력이 길러진다.

아이가 좋아하는 분야의 도감을 함께 만들어보자. 식물, 동물, 조류, 물고기, 곤충, 자동차, 공룡, 탈것, 식재료, 음식 등 어떤 분야도 상관없다. 도감을 만들면서 자연스럽게 한글을 노출해 줄 수도 있다. 게다가 도감은 평소에 쓰지 않는 음가들이 많이 포함되어 있기 때문에 다양한 음가를 노출할 수 있다는 장점도 있다. 또한 아이 자신이 좋아하는 분야이므로 놀이를 거부할 확률도 줄어든다. 함께 가위질하고 풀칠하는 과정에서 아이의 소근육도 발달한다.

첫째아이하고는 식물도감을 만들었고, 둘째아이하고는 과자 이름으로 도감을 만들었다. 두 아이 모두 직접 보았거나 먹어보았던 것들로 도감을 만든 것이다. 첫째아이와 산책하다 만난 꽃을 사진 찍었다가 인터넷이나 책에서 찾아 사진을 붙이고 밑에 이름을 적기도 했다. 둘째아이는 달콤한 것을 좋아해서 먹었던 과자 봉지를 잘라 붙여주었다. 최근에는 공룡에 빠져서 공룡도감도 하나 만들 계획이다.

도감을 직접 만들기 어렵다면 시중에서 팔고 있는 도감을 사주

첫째아이를 위한 식물도감.

둘째아이를 위한 과자도감.

어도 좋다. 고양이 도감 자체는 만들기가 어려워서 구입해서 보았는데, 아주 작은 글씨들로 된 책이었는데도 불구하고 아이가 재미있게 읽었다.

♛ 주차장 그리기 놀이

비가 오는 날에는 아이와 주차장에서 자주 놀았다. 번호판과 자동차 뒤 영어 이름을 보며 숫자 천 단위와 영어 파닉스를 익혔다. 주차장에서 보는 차는 한계가 있어 집에 오면 스케치북에 주차장을 그려 자동차의 영어 이름을 알려주기도 했다. 몇백 장은 그려준 듯하다. 영어 대신 한글로 자동차 영어 이름을 적어준다면 훌륭한 한글놀이가 될 수 있다.

♛ 주사위 게임

글자카드를 둥글게 빙 둘러서 놓고 출발 지점을 정해 놓자. 주사위를 던져서 나온 수만큼 움직이고 해당 글자를 읽으면 카드를 가져가는 놀이이다. 글자를 읽지 못하면 카드는 그대로 두고 다음 사람 순서가 된다.

나라를 좋아하는 아이라면 국기 카드의 해당 국가 이름만 보이게 카드를 뒤집어서 둥글게 펼쳐놓는다. 시작 지점을 정하고 주사위를 던져 도착한 나라의 이름을 읽으면 카드를 가져갈 수 있는 놀이이다. 조금 더 큰 아이라면 주사위 두 개를 이용하여 덧셈놀이도 할 수 있다.

아이가 어려서 주사위놀이를 하기 어렵다면 나라 이름으로 여행을 떠난다고 설정하여 비행기 착륙놀이 등을 하면 한글 실력이 쑥쑥 늘어날 것이다.

이 놀이는 굳이 분류별로 하지 않고 복습할 때 사용해도 좋다. 일주일 동안 배운 단어 카드를 나열해 놓고 누가 더 많은 글자카드를 가져가는지 내기를 하는 것이다. 센스 있는 엄마라면 아깝게 져주는 것도 잊지 말자.

올해 일곱 살인 첫째아이가 HSK(중국어능력평가시험) 3급을 준비했는데, 병음으로는 아는 단어들이었지만, 따로 한자를 배우지 않아 중국 한자로 단어들을 모두 외워야 했다. 5~6주간은 플래시 카드를 보여주는 방법으로 재미있게 익혔는데, 그 뒤로는 흥미가 떨어졌다. 이때 이 놀이로 카드 가져가기를 하자, 다시 흥미를 붙여 한자로 600개의 단어를 익혔다. 지금껏 아이를 키우며 느낀 것은 역시 아이에게는 재미만 한 것이 없다는 것이다.

주사위 게임. 아이의 승부욕을 자극하는 놀이이다.

본격적인 한글놀이 전, 점검해야 할 것들.

꼭 알아야 할 한글떼기 원칙 10

모든 배움이 그렇겠지만, 한글떼기는 특히 억지로 시키면 안 된다. 잘못 접근하면 아이가 한글떼기뿐만 아니라 배움 자체를 좋아하지 않을 수도 있다. 아이에게 한글을 가르치기로 마음먹었다면 다음 몇 가지는 꼭 기억하자.

♔ 하나, 아이의 배움은 언제나 즐거워야 한다

갓 태어나 눈도 못 뜨던 아이가 알려주지 않아도 때에 맞춰 발달해 가는 모습을 보면 참으로 신기하다. 아이는 알아서 눈도 맞추고, 목도 가누고, 뒤집고, 앉고, 기고, 서고, 걷는다. 그리고 처음 아이가 "엄마!" 하고 말하는 순간의 감동은 이루 말할 수 없다.

아이는 모든 것을 참으로 빨리 배운다. 생후 1년간 아이가 보여주는 변화는 실로 놀랍다. 그 이후에 아이의 언어 발달과 모방 행동은 가히 천재적이다. 이런 아이의 놀라운 습득력은 어디서 오는 것일까?

두 아이를 키우면서 나는 그것이 바로 호기심과 놀이, 즉 즐거움 때문이 아닐까 하는 생각을 해보았다. 아이는 아주 일상적인 모습도 예사로 보지 않는다. 모든 것을 호기심 가득한 눈으로 예리하게 관찰하고 엄마 아빠의 행동을 모방한다. 그것은 그들에게 본능이자 즐거움이다.

나는 신이 아이의 생존을 위해 배움을 즐겁게 만든 것이 아닌가 하는 생각을 해보았다. 그래야 가장 빠르고 효율적인 방법으로 배울 수 있기 때문이다.

아이는 눈을 뜨는 순간부터 잠들 때까지 끊임없이 놀이를 한다. 그것은 아이에게 기쁨이자 행복이다. 사람들은 관심이 있고 재미있어하는 것에 더 몰입하게 마련이다. 다들 자신이 좋아하는 것을 하다 보면 시공간이 왜곡되는 경험을 해보았을 것이다.

아이도 마찬가지다. 하루 종일 저금통에다 동전을 넣는 아이는 바닥에 있는 동전을 주워 저금통에 넣는 행위가 즐겁기 때문에 반복해서 하는 것이다. 재미가 없다면 누가 그 행동을 그렇게 오랫동안 자발적으로 할 수 있을까?

계단을 하루 종일 오르내리는 아이 또한 마찬가지다. 한여름에 힘든 줄도 모르고 땀을 뻘뻘 흘려가며 쉬지 않고 계단을 오르내린다. 그렇게 반복하며 아이는 대근육을 발달시키고 균형감각을 키운다. 딱 그 아이에게 필요한 시기에 말이다.

어떤 일이든 잘하기 위해서는 노력이 필요하다. 금메달리스트가 그 분야에서 최고인 이유는 재능도 있겠지만 남들보다 훨씬 많이 그 운동에 대해 공부하고 연습했기 때문이다. 배움이 즐겁기 때문에 이 모든 일이 가능하다. 이렇듯 배움에 즐거움이 더해진다면 아이는 무한한 가능성을 보여준다.

우리 아이들이 한글을 일찍 뗐다고 하면 몇몇 엄마들은 '아이를 얼마나 잡았으면 그럴까?'라고 생각한다. 그러면서 자신은 아이를 어릴 때부터 공부로 밀어넣고 싶지 않다고 한다. 하지만 사실은 그 반대다. 우리는 공부를 하기 싫어도 억지로 했던 경험 때문에 아이도 그럴 것이라고 생각한다. 내가 만약 아이들을 억지로 앉혀놓고 한글을 가르쳤다면 이 모든 것은 불가능했을 것이다. 오히려 아이에게 자유를 주었고, 아이가 한글을 익힌다는 생각조차 하지 못할 정도로 놀이처럼 했으니 가능한 일이었다.

아이가 좋아하는 것은 더 좋아할 수 있는 기회를 주고, 직접 체험하기 힘든 것들은 책으로 확장해 주자. 좋아하는 것을 엄마와 함께 찾아보고 관찰하는 과정을 통해 아이의 지식과 시야는 더욱 넓어질 것이다.

♛ 둘, 꾸준함이 답이다, 꾸준히 실천하라

한글떼기를 시작했다면 조금씩이라도 좋으니 꾸준히 노출해 주는 것이 좋다. 첫째아이는 10개월 때 처음 글자를 구분했고, 둘째아이는 그보다 빠른 8개월에 글자를 구분했음에도 불구하고, 첫째아이는 17개월에 한글을 깨쳤고, 둘째아이는 30개월쯤 한글을 뗐다. 이 둘의 차이는 무엇일까?

첫째아이는 혼자다 보니 내가 아이에게 집중할 수 있는 시간이 많았다. 아이가 원하는 욕구를 그때그때 충족시켜 줄 수 있었고, 함께 놀이할 시간도 많았다. 그러다 둘째아이가 태어나자마자 기존의 모든 질서가 무너졌다. 그나마 돌이 될 때까지는 괜찮았다. 하지만 돌 이후 둘째아이 또한 자신의 욕구를 표출하기 시작하고부터는 일명 생존 육아를 하는 것만으로도 벅찼다. 둘째아이는 돌쯤 한글을 꽤 알고 있었음에도 불구하고 아주 가끔씩 한글을 노출해 줄 수밖에 없었다. 먹이고 씻기고 바깥놀이하고 책 읽어 주고 재우는 일만으로도 하루해가 금세 기울었다.

남편은 기본적으로 퇴근이 늦는 데다 출장도 잦았기 때문에 그야말로 독박 육아였다. 그러니 당연히 한글놀이는 등한시되었고, 진도는 지지부진할 수밖에 없었다. 게다가 둘째아이는 글자보다는 그림 보는 것을 더 좋아했다.

아이가 한글에 관심을 보이기 시작했다면 짧게는 3~6개월, 길게는 1년이면 한글을 뚝 뗄 수 있다. 단지 얼마나 자주, 많이 노출해 주느냐가 포인트다. 한글떼기의 70~80프로는 노출의 빈도와 시간이라고 해도 과언이 아니다.

그러기 위해서는 일상 속에서 흔히 볼 수 있는 글자를 자연스럽게 노출해 주는 것이 좋은데, 엘리베이터 안, 간판, 전단지, 책 제목 등을 자주 알려주고, 산책할 때나 마트에 갈 때도 자주 노출해 주자.

아이가 매일 하는 활동에 한글놀이를 곁들여주어도 된다. 우리 아이들의 경우, 목욕하며 한글놀이를 많이 했다. 어차피 아이들은 매일 목욕하므로 씻은 우유팩을 잘라 그 위에 글자를 적어 노출해 주었다. 꾸준히 노출해 주는 것에 부담감을 느끼는 엄마에게 적극 추천한다.

♛ 셋, 아이가 얼마나 아는지 확인하지 마라

한글놀이를 하다 보면 아이가 알고 하는지 모르고 하는지 궁금해질 때가 있다. 그렇다고 대놓고 물어본다면 아이 입장에서는 부담스럽게 생각할 수도 있다. 아이의 한글 수준이 어느 정도이고 어떤 노출이 필요한지 궁금할 때는 놀이로 살짝 확인해 보는 것이 적당하다. 만약 글자를 물어보았을 때 아이가 모르는 기색이라면 엄마가 먼저 이야기해 주어야 한다. 틀렸다고 해서 핀잔을 주거나 그 자리에서 바로잡으려 하지 말고 자연스럽게 한 번 더 노출해 주자.

예를 들어 곰인형에게 음식을 먹여주는 놀이를 하는 중에 엄마가 "곰인형이 당근을 먹고 싶대."라고 말했다고 가정해 보자. 이때 아이가 '사과' 카드를 주었다면 "이건 당근이 아니라 사과잖아."라고 말하지 말고, "당근보다 달콤한 사과를 더 주고 싶었구나."라고 이야기해 주어야 한다.

확인할 때는 아이가 알고 있는 것과 모르고 있는 것을 구분한다는 데만 의미를 두자. 모른다고 실망하는 마음을 표현하기보다는 '다음에 다시 노출해 주어야지.' 하는 마음으로 편안하게 넘어가야 한다.

♛ 넷, 시작이 반이다, 조급해하지 마라

한글떼기를 시작하고 1~2주가 지났는데도 아이가 아웃풋은커녕 방금 전에 알려주었던 단어조차도 처음 보는 것 같으면 엄마의 마음에는 불안과 조급증이 스멀스멀 올라온다. 아이 연령이 올라갈수록 더욱 그러하다. 내가 무얼 놓치고 있는 건 아닌지, 아이가 아직 준비가 안 된 것은 아닌지 하며 말이다.

한글을 노출한 지 얼마 안 되었다면 아이가 받아들이는 속도가 더딜 수밖에 없다. 물론 한글에 지대한 관심을 가지고 주는 족족 흡수하는 아이들도 있지만, 대부분의 아이들은 그렇지 않다.

어른인 우리도 아랍 문자를 몇 번 봤다고 해서 바로 구분해 낼 수는 없는 일이다. 이 글자가 저 글자 같고 무지하게 헷갈릴 것이다. 단순한 노출로만 글자를 눈에 익히게 하려면 꽤 오랜 시간이 필요하다. 그러므로 아이가 하나도 모르는 것 같더라도 실망하지 말고 꾸준히 노출해 주자.

처음 한글을 배우는 아이들은 같은 글자라도 글씨체가 다르면 알아보지 못한다. 우리도 필기체로 적은 영어는 읽기 불편하지 않은가. 엄마가 쓴 글자와 아빠가 쓴 글자가 같다는 것을 깨닫기까지는 시간이 필요하다.

'계속 노출하다 보면 언젠가는 알겠지.' 하는 마음으로 느긋하게 노출해 주자. 낯선 글자들이 눈에 익숙해진다면 빠른 속도로 한글을 익혀나갈 것이다.

♛ 다섯, 아이가 인지하고 있는 단어를 노출시켜라

아이가 이미 알고 있는 단어를 알려주어야 한다. 아이가 단어를 보고, 그 단어에 해당하는 이미지를 떠올릴 수 있어야 한다는 뜻이다. 반드시 아이가 이미지화할 수 있는 단어들로만 노출해야 한다. 예를 들어 아이가 '사과'라는 글자를 보았다면 사과라는 이미지를 떠올릴 수 있어야 하는 것이다. 라디오를 모르는 아이에게 '라디오'라는 글자를 알려주면 아이는 문자를 시각화할 수 없기 때문에 혼돈을 느낄 수 있다.

또한 정서는 채워주지 않고 학습으로만 흘러가는 것도 주의해야 한다. 그럴 경우 뜻은 모르고 글자만 읽는 초독서증과 같은 유사자폐까지 올 수 있다. 특히 연령이 어릴수록 반드시 인지하는 단어들로 문자를 알려주자.

아이가 이미지화할 수 있는 단어를 노출시키고, 뜻을 모르는 단어는 사물에 대한 인지와 글자를 동시에 알려주는 방법으로 진행하면 된다. 아이가 어느 정도 한글을 인지한 뒤에는 글자가 하나의 물건이나 행동, 감정 등을 대신한다는 것을 알게 되므로 크게 신경 쓰지 않아도 된다.

👑 여섯, 한글떼기의 속도는 아이에게 맡겨라

한글을 뗄 때 미리 진도를 정해 놓는 엄마들이 있다. 몇 개월 내에 한글을 똑 떼주겠다고 다짐하고는, 아이가 엄마의 뜻대로 따라와 주지 않는다고 속상해한다.

한글떼기의 속도는 오직 아이가 정해야 한다. 아이가 하나를 받아들이면 하나를 주고, 열을 받아들이면 열을 주면 되는 것이다.

아이와 한글놀이를 진행하고 있는데 흥미를 잃고 다른 놀이를 하려고 하면 미련 없이 그만두어야 한다. 몇 개 남지 않았다고 아이에게 강요하다 보면 아이는 점차 한글놀이에 흥미를 잃게 된다. 아이가 지루해하기 전에 멈추는 것이 가장 좋고, 지루해하는 모습을 보인다면 그 즉시 다른 놀이로 전환하거나 그만두어야 한다.

또한 아이가 한글놀이 자체를 거부한다면 마음을 느긋하게 갖고 기다리는 미덕도 보여주자. 이 시기에 가장 중요한 것은 아이와 엄마 사이의 관계다. 엄마의 욕심으로 한글떼기를 강요하다가 자칫 학습 자체를 거부할 수도 있으므로 한발 뒤로 물러서서 기다리는 것이 바람직하다.

♛ 일곱, 칭찬과 격려, 감탄으로 반응하라

사람마다 성격이나 성향이 다르듯이, 선생님처럼 지식이 많고 체계적으로 잘 가르치는 엄마가 있는가 하면, 칭찬과 격려, 감탄으로 잘 반응해 주는 엄마도 있다. 두 가지 성향의 엄마 중 아이가 잘 성장하는 경우는 후자 쪽이다.

그런데 일상에서 아이가 작은 성취를 보일 때마다 감탄을 아끼지 않는 엄마들도 유독 한글떼기에서만큼은 칭찬이나 감탄에 인색한 경우가 많다. 아이가 '엄마'라는 단어를 말하기까지 아이에게 '엄마'라는 단어를 얼마나 알려주었는지 생각해 보자. 1년이라는 시간 끝에 아이에게서 "엄마."라는 말을 처음 듣지 않았는가.

그랬던 엄마들이 아이와 고작 몇 주 동안 한글놀이를 하고는 아는 것보다 모르는 것이 많다고 실망한다. 지난주에 반복해서 보았던 것도 모른다면서 아이 몰래 한숨을 쉬기도 한다. 엄마는 아이에 대한 실망감을 숨기려고 하지만, 아이는 그런 엄마의 마음을 단번에 눈치챈다.

아이가 모르는 99퍼센트에 집중하지 말고, 알고 있는 1퍼센트에 집중하라. 초점을 아이가 알고 있는 것에 맞추면 칭찬과 감탄이 저절로 나온다. 칭찬과 격려를 받아 자신감이 붙은 아이는 적극적으로 한글놀이에 참여하며 한글을 배워나간다.

♛ 여덟, 실패를 두려워하지 마라

즐거운 마음으로 한글놀이를 몇 가지 시도해 보았는데, 아이의 반응이 시큰둥하다고 실망하지 말자. 아이가 좋아할 거라고 생각했던 놀이를 좋아하지 않는다고 해서 실망할 것도 없고, 다른 아이들이 다 좋아하는 한글놀이를 우리 아이만 관심 없다고 해서 당황할 필요도 없다.

아이마다 좋아하는 놀이가 다르기 때문에 내 아이에게 꼭 맞는 한글놀이를 찾기 위해서는 여러 번의 시행착오가 필요하다. 시행착오를 두려워하면 성장과 발전을 기대할 수 없다. 시행착오는 당연하다.

♛ 아홉, 한글 쓰기를 강요하지 마라

한글을 뗀 지 오래되었는데 아직 쓸 줄 모른다고 걱정하는 엄마들이 의외로 많다. 또는 아이가 쓰기를 너무 싫어한다며, 학교에 가서 적응하지 못하는 것 아닌가 하고 미리 걱정하는 엄마도 있다.

글을 읽는 능력은 인지의 영역이고, 글을 쓰는 능력은 운동의 영역이다. 아이가 글을 쓰고 싶어 하지 않는다면 분명 이유가 있을 것이다. 소근육 발달이 뒷받침되지 않아서일 수도 있고, 그리기나 쓰기에 관심이 없을 수도 있다.

아직 글씨를 쓸 정도로 소근육이 충분히 발달하지 않은 아이에게 쓰기를 강요하는 것은 걷지도 못하는데 뛰라고 강요하는 것과 같다. 쓰는 데 흥미가 없는 아이에게 쓰라고 강요하면 반감만 키울 뿐이다.

아이의 발달 상황이나 관심사를 그대로 받아주고 존중해 주자. 지금까지 모든 발달이 그랬듯이, 아이는 때가 되면 스스로 하게 되어 있다. 다만 아이가 쓰기나 그리기에 관심이 많지만 소근육 발달이 미흡하다면 아이의 소근육을 발달시켜 줄 만한 놀이를 해주는 것이 필요하다. 고무찰흙, 블록놀이, 종이접기 등은 소근육 발달에 도움이 된다. 딱딱한 색연필이나 크레파스보다는 부드럽게 그려지는 필기도구를 사용하게 하는 것도 좋은 방법이다.

첫째아이는 펜을 잘 잡지 않는 아이였다. 유치원에 갈 때까지 펜을 잡는 힘도 약했고, 그림은 모조리 나에게 그려달라고 했다. 그런 아이가 여섯 살이 되자 완전히 달라졌다. 하루 종일 보드게임을 만들었고, 그림을 그리고, 글씨를 쓰고, 색칠한 것을 가위로 오리고, 풀로 붙였다. 심지어 게임설명서까지 만들었다.

처음에는 기존에 있던 보드게임과 유사한 게임을 만들었으나, 시간이 지날수록 독창적인 게임들을 만들어냈다. 나는 그저 감탄해 주고 아이가 만든 게임을 함께 해주면 되었다. 쓰는 순서나 맞춤법도 아이가 먼저 물어볼 때만 알려주었을 뿐 지적하지 않았다. 물론 지금은 거의 모든 글씨를 바르게 쓴다.

아이마다 발달하는 순서도 속도도 다르다. 아이의 고유함을 존

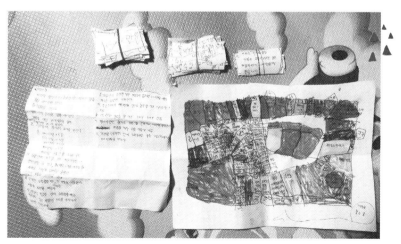

첫째아이가 직접 만든 보드게임.

중해 주고 기다려주자. 그러면 아이는 자신의 속도에 맞춰 스스로 꽃봉오리를 피울 것이다.

♛ 열, 지금 당장 시작하라

아이와 행복한 한글떼기를 시작할 준비가 되었는가? 그렇다면 차일피일 미루지 말고 당장 할 수 있는 것부터 실천해 보자. 한글떼기에서 가장 중요한 것은 노출의 빈도와 시간, 그리고 재미다.

포기하지 말고 꾸준히 하다 보면 아이가 한글을 줄줄줄 읽는 날이 곧 올 것이다. 부모의 욕심이나 조급함은 멀찌감치 떨어뜨려 놓고 재미있게 진행해 보자. 아이가 "또! 또!" 하면서 외칠 날이 머지않았다.

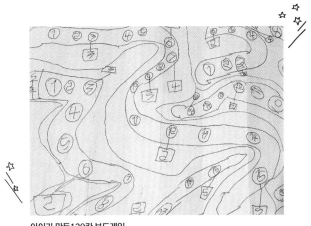

아이가 만든 120칸 보드게임.

통문자로 할까?
자모음 통합으로 할까?

일반적으로 유아들은 통문자 방식으로, 5~6세 이상의 아이들은 자모음 통합 방식으로 한글을 뗀다. 하지만 이 또한 아이의 성향이나 지식 수준에 따라 얼마든지 달라질 수 있다. 자모음 원리에 관심이 많고 그 원리를 이해할 수 있는 아이라면 연령에 관계없이 자모음 통합 방식을 따라도 좋다.

통문자 방식의 경우 무작정 시작하기 좋다는 장점이 있다. 다만 유아의 경우 글씨 또한 하나의 이미지로 받아들이기 때문에 낱글자로 다시 인식하게 해주어야 하는 번거로움이 있다.

반대로 자모음 통합 방식은 자음과 모음을 알아야 하므로 처음 시작할 때 아이가 지루해할 수 있다. '사과', '사자' 등 의미가 있는 단어에 비해 'ㄱ, ㄴ, ㄷ……', 'ㅏ, ㅑ, ㅓ, ㅕ……'와 같이 의미

없는 글자들로 시작해야 하기 때문이다. 하지만 한글 조합 원리만 알게 되면 순식간에 한글을 깨칠 수 있다. 각자 장단점이 있으므로 아이에게 적합한 방식을 선택해서 꾸준히 해보자.

♛ 어떤 단어로 시작해야 할지 몰라 고민될 때

카테고리 별로 할지, 관심 있는 단어를 먼저 할지 고민이 될 수도 있다. 그러나 정해진 답은 없다. 카테고리 별로 분류하여 한글을 뗀다면 좀 더 체계적이겠지만, 무작위로 아이가 좋아하는 단어들 먼저 노출해도 좋다.

우리 아이들의 경우, 아주 어릴 때 한글에 관심을 보였기 때문에 인지하고 있는 관심 단어들 위주로 알려주었다. 카테고리 별로 나누려고 해도 아는 것들이 한정되어 있어서 불가피했다. 관심 단어로만 노출하다 보니 명사, 동사, 의성어, 의태어 등을 따로 나누지 않고 노출해 주었는데, 체계가 없어서인지 도중에 더 이상 어떻게 진행해야 할지 몰라 살짝 막막했던 적도 있었다. 하지

Tip. 카테고리 분류하기

✚ 탈것, 자동차, 동물, 채소, 식물, 날씨, 장난감, 과일, 물고기, 세면도구, 조리도구, 음식, 전자제품, 악기, 도형, 양념, 곤충, 직업, 호칭, 신체 부위, 생필품, 바다생물, 의류, 가구, 학용품 등.

만 명사, 의성어만 하다가 동사로 넘어가면 동사에는 흥미를 안 느끼는 아이들도 있으므로 상황에 맞게 진행하면 된다.

♕ 통문자로 진행하기

일반적으로 색글자로 한글을 시작하고 아이가 글자에 조금 익숙해지고 나면 먹글자로 전환한다. 아니면 글자에 작은 그림을 그려 넣어 아이가 좀 더 편하게 받아들일 수 있도록 도와준다. 하지만 이렇게 하면 다시 한 번 같은 글자를 먹글자로 인식시켜 줘야 하는 번거로움이 있다.

글자 감각이 빠른 아이라면 색깔과 관계없이 글자를 인식하고 구분할 수 있지만, 대부분의 아이들은 글자 자체를 이미지로 인식하기 때문에 노란색으로 쓴 바나나가 검은색으로 쓴 바나나와 같다고 생각하지 못할 수도 있다.

먹글자는 색글자나 그림 글자에 비해 아이들의 관심이 떨어진다는 단점이 있다. 만약 아이가 먹글자에 흥미를 보이지 않는다면 그림 글자나 색글자로 한글을 시작해 보자. 특히 시각형 아이라면 이 방식에 흥미를 보일 것이다.

하지만 아이가 먹글자를 인지하고 있다면 바로 먹글자로 시작해도 좋다. 우리 집은 두 아이 모두 먹글자로 한글을 시작했다.

찢어지지 않는 카드 프로텍터.

준비하기

통문자로 한글떼기를 할 때 포스트잇이나 벨크로를 많이 사용하는데, 어떤 것이든 상관없다. 엄마가 편하게 준비할 수 있는 것이면 된다. 통문자를 최소한 200~300개는 해야 하므로 손쉽게 만들 수 있는 것이 가장 중요하다. 나는 카드 프로텍터와 A4용지, 유성펜을 사용해서 만들었다.

처음에는 A4용지나 포스트잇에 적어주었는데, 아이들이 어리다 보니 하루가 멀다 하고 입에 넣고 구겨서 찢어지기 일쑤였다. 포스트잇은 몇 번 붙였다 떼면 접착력이 현저하게 떨어진다는 문제가 있었다. 찢어지지 않고 아이가 입에 넣어도 괜찮은 게 뭘까 고민하다가 찾아낸 것이 카드 프로텍터였다.

카드 프로텍터는 종이카드를 집어넣을 수 있는 비닐인데, 크기

별로 다양하다. 일반적으로 아이들은 큰 글자를 더 잘 보기 때문에 큰 사이즈를 추천한다.

A4용지를 카드 프로텍터 크기로 잘라 글씨를 쓰고 끼워 넣어 사용하면 된다. 카드 프로텍터가 비닐로 되어 있기 때문에 물에 젖어도 괜찮고 찢어지지 않아서 상당히 유용하다. 유리에 분무기로 물을 뿌리고 붙이면 잘 달라붙기 때문에 유리나 냉장고, 보드북 등 비닐이 붙는 곳이라면 어디든 손쉽게 글자를 붙였다 떼며 놀 수 있다.

노출하기

아이와 일상을 지내면서 자연스럽게 한글을 노출해 주면 된다. 아이가 좋아하는 사물의 이름부터 시작해 보자. 좋아하는 장난감이나 가구, 전자제품 등 집안 곳곳에 사물의 이름을 붙여두고 노출해 주는 것이다. 이때 아이의 눈높이에 맞추어 글자를 붙이는 게 중요하다. 아이와 함께 놀다가 그 글자가 붙어 있는 곳을 지날 때 자연스럽게 읽어주면 된다. 여러 번 반복해서 글자를 노출해 주면, 읽어주지 않아도 아이 스스로 그 글자들을 눈에 익히게 된다.

눈높이가 맞지 않는 위치에 붙어 있다면 엄마가 안아 올려 아이의 눈높이에서 알려주자. 다만 붙여놓은 글자가 아이의 눈높이에 있지 않으면 아이 혼자 다니면서 익히기에는 적절하지 않다는 단점이 있다.

아이에게 책을 읽어줄 때 책 제목을 손가락으로 짚으면서 읽어주는 것도 손쉽게 한글을 노출할 수 있는 방법이다. 책등에도 같은 제목이 적혀 있다는 것을 알려주자. 다만 아이가 책 제목을 손가락으로 짚어주는 것을 싫어한다면 하지 말아야 한다.

동화책 속에 간단한 단어들을 붙여놓고 책을 읽어주는 중간에 노출해 주어도 된다. 책을 읽어줄 때 맥이 끊기지 않을 정도로만 노출시켜 보자.

아이와 외출할 때 역시 한글놀이를 할 수 있는 절호의 기회다. 상점의 간판이나 엘리베이터 안 광고 스티커, 안내 표지판 등 우리는 글자들로 둘러싸여 있다고 해도 과언이 아니다. 일상에 글자가 쓰여 있다는 것을 알면 아이는 더욱더 한글에 관심을 보일 것이다.

생활 속에서 자연스럽게 한글을 노출해 준다.

사물에 이름을 써서 붙여놓으면 아이가 일상에서 한글을 쉽게 익힐 수 있다.

복습, 반드시 해야 할까?

에빙하우스가 말한 망각의 법칙을 보면, 사람은 학습한 지 불과 10분 후부터 망각이 시작되며, 한 시간 뒤에는 50퍼센트, 하루 뒤에는 70퍼센트, 한 달 뒤에는 85퍼센트를 잊어버린다고 한다. 그런 만큼 복습이 중요하다.

아이와 한글놀이를 할 때는 배운 단어만 따로 모아두고 틈틈이 복습하는 것이 좋다. 아니면 새로운 단어를 노출할 때 기존의 단어들도 함께 노출시키는 방법이 있다. 만약 아이가 복습을 거부한다면 새로운 단어로만 노출해 주어도 상관없다. 새로운 단어를 꾸준히 노출하다 보면 기존에 배웠던 낱글자들이 계속해서 나오므로 복습의 효과가 있다. 어떤 경우에도 억지로 시키면 안 된다. 놀이와 재미가 가장 중요하다는 것을 잊지 말자.

아이가 자기 전에, 그 날 배웠던 단어들을 플래시카드 넘기듯이 보여주는 것도 좋은 복습 방법이다. 하나의 글자를 오래 잡고 외우는 것보다 빠르게 치고 넘어가고, 다시 여러 번 반복해서 보는 것이 효과적이다. 하지만 이 방법은 어린아이들에게는 지루할 수 있으므로 아이의 반응을 살피며 활용하는 것이 좋다.

글렌 도만의 《아이에게 읽기를 가르치는 방법》을 보면, 플래시카드처럼 단어를 보여주며 글자를 익히는 방법을 소개하고 있는데, 우리 아이들은 한글을 뗄 때 이 방법을 좋아하지 않았다.

그런데 일곱 살이 된 첫째아이가 HSK 3급 시험 준비로 중국 한자를 외울 때 이 방법을 사용했는데 굉장히 효과적이었다. HSK 2급은 알파벳으로 적힌 병음이 나와 있어 중국어의 음과 뜻만 알면 시험을 치를 수 있는데, 3급부터는 모조리 한자로만 적혀 있어서 시험을 보려면 한자로 중국어를 읽을 수 있어야 한다.

그 전까지 아이에게 한자를 따로 외우라고 한 적이 없었다. 자연스럽게 익힌 한자들도 있기는 했지만, 병음 위주로 읽다 보니 아는 단어는 많은데 한자는 거의 몰랐다. 일주일에 50개 정도 되는 단어를 한자로 외웠는데, 아는 것과 모르는 것을 분류해서 모

복습 박스를 활용하면 그날 배운 단어를 한 번씩 더 볼 수 있다.

르는 것만 한 번 더 알려주는 식으로 하루에 한 번 진행했다. 하루하루 지날 때마다 아는 단어가 조금씩 늘어났고 일주일이 지나면서 거의 모든 단어를 인지했다. 일주일 뒤 테스트하여 모르는 단어는 그 다음 주 단어와 합하여 노출해 주는 식으로 진행했다.

단어의 색깔을 매주 다르게 적어서 구분할 수 있게 만드는 것도 좋다. 그렇게 색깔별로 묶은 단어는 1~2주에 한 번 더 노출해 주어서 장기 기억으로 넘어갈 수 있게 도와주자. 이렇게 하는 것이 하루에 7개씩 단어를 외워서 일주일에 50단어를 외우는 것보다 시간도 훨씬 적게 들고 아이에게 스트레스도 주지 않는다. 아이가 거부하지 않는다면 진행했던 단어들을 통에 따로 모아두고 한번씩 노출해 주어도 된다. 그날그날 노출했던 단어를 칠판에 적는 것도 좋다.

아이에게 한계를 주지 말아야 한다. 아이의 가능성을
활짝 열어두고 그 가능성을 펼칠 수 있는 기회를 주어야 한다.
부모가 지레짐작하여 아이에게 한계를 그어버리면 아이가 좋아하는 분야가
무엇인지, 어떤 것을 잘하는지 알아차리지 못하고 지나칠 수 있다.

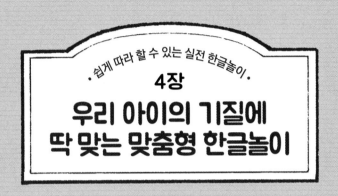

· 쉽게 따라 할 수 있는 실전 한글놀이 ·

4장

우리 아이의 기질에
딱 맞는 맞춤형 한글놀이

· 쉽게 따라 할 수 있는 실전 한글놀이 ·

시각형 아이를 위한 한글놀이

아이는 기질에 따라 시각형, 청각형, 체각형으로 나눌 수 있는데, 그중 시각형 아이에게 맞는 통문자 놀이를 소개하려고 한다. 그렇지만 아이마다 어떤 성향이 조금 더 클 뿐이지 확연하게 구분되는 것은 아니므로 아이에게 맞는 한글놀이를 찾는 데 참고자료로 활용하면 좋을 듯하다.

우리 아이들의 경우, 첫째아이는 청각형, 둘째아이는 체각형에 가깝다. 그렇지만 대부분의 한글놀이를 좋아했다. 그런 것을 보면, 아이의 특성에 따라 한글놀이를 하는 것이 도움이 되지만, 엄마가 어떻게 놀아주고, 어떤 방법으로 했느냐도 중요하다는 생각이 든다.

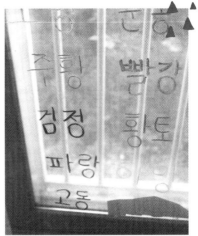

목욕 전, 색글자 쓰기 놀이.

유리창에 이름에 맞는 색깔로 글씨를 써준다.

♣ 이미지 글자, 색글자로 보여주기

알록달록 예쁜 색글자나 그림이 그려진 이미지 글자로 시각형 아이의 눈길을 사로잡아 보자. 색깔을 알려주는 빨강, 주황, 노랑, 초록, 파랑, 남색, 보라와 같은 단어를 그에 맞는 색깔로 적어서 알려주는 것도 좋은 방법이다. 이때 유성펜, 색연필, 물감, 볼펜, 파스텔 등 다양한 필기구를 사용해 보자.

흰 종이 위에 글자를 쓰는 방법도 있지만, 다양한 색지 위에 적어보면 환경에 따라 색깔이 달라지는 것을 알 수 있다. 흰 종이 위에서는 검은 글자가 보이는 반면, 검은 종이 위에서는 검은 글자가 보이지 않고, 반대로 흰색이나 노란색 글자가 보인다는 것을 알려주자. 어른에게는 당연한 것이지만, 아이에게는 신기한 놀이가 된다.

그림 안에 글자를 써주거나 단어의 힌트가 될 수 있는 그림을 간단하게 그려줄 수도 있다. 책을 볼 때 글자보다 그림을 보는 아이에게 효과적인 방법이다. 그림에 너무 눈길을 빼앗기는 아이라면 단순히 형태만 그려서 오려주고, 그 안에 글자를 적어주자. 형광 스티커에 모양을 자르고 글자를 적어주는 방법도 있다.

🌲 무엇이 무엇이 똑같을까?

같은 단어를 색깔별로 적어 같은 글자끼리 연결시키는 놀이이다. "무엇이 무엇이 똑같을까? 도자기 도자기 똑같아요." 하면서 같은 글자끼리 고르는 것이다. 이렇게 하면 먹글자도 거부감 없이 자연스럽게 받아들일 수 있다.

글자에 그림이 그려진 카드를 활용해도 좋다.

형광 스티커에 그림을 그리거나 글자를 쓴다.

♣ 아이의 인지 능력이 쑥쑥! 스티커놀이

대부분의 아이들이 스티커 붙이기를 좋아한다. 이 놀이는 한글 스티커북을 이용하거나, 동물 스티커북, 공룡 스티커북, 일반 스티커 등을 이용해서 글자 위에 붙여주는 놀이이다. 칭찬 스티커를 붙여줄 때도 한글로 만들어진 스티커를 활용해 볼 수 있다.

첫째아이가 스티커북을 워낙 좋아해서 종류별로 많이 샀었는데, 구입한 날 한 권을 다 떼서 붙이고도 모자라서 다시 뗐다 붙였다 하며 책이 너덜너덜해질 때까지 반복했다. 스티커북 안에는 다양한 사물과 동식물이 있으므로 아이의 인지 능력을 향상시킬 수 있다.

뗐다 붙였다 할 수 있는 스티커북이 여러모로 좋다. 한 가지 팁을 주면, 붙이자마자 바로 떼어내면 잘 떼어지고 접착력도 강하게 남지 않아 여러 번 사용할 수 있다. 그림으로만 구성된 스티커북보다는 '가, 나, 다' 등 글자 자체가 스티커로 만들어진 스티커북이 한글놀이에 적당하다.

아이가 어릴수록 스티커북을 활용하기에 알맞다. 주로 일상생활에서 볼 수 있는 사물이나 동물을 중심으로 한글놀이를 시작할 수밖에 없다. 하지만 스티커북의 경우에는 이미지와 글자가 동시에 있기 때문에 일상생활에서 볼 수 없는 것들도 쉽게 익힐 수 있다. 트럼펫을 한번도 보지 못한 아이에

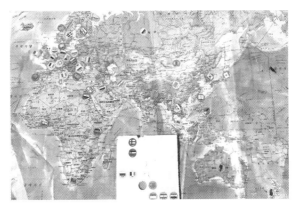
세계 지도에 다양한 스티커를 붙이며 놀 수 있다.

게 트럼펫이 어떤 것인지 바로 알려줄 수 있다는 점에서 편리하다.

둘째아이가 한글을 뗄 때는《옹알옹알 1,2세 첫 그림백과》도 유용하게 활용했다. 스티커북은 아니지만, 흑백 초점, 컬러 초점부터 단계별로 아이의 호기심을 채워주고 인지 능력을 키워줄 수 있는 책이다.

세계나 나라에 관심이 많은 아이는 세계지도 위에 나라를 찾아 국기 스티커를 붙이며 노는 것도 좋은 방법이다. 동물을 좋아하는 아이라면 동물들이 살고 있는 나라를 찾아보고, 동물 스티커를 붙이면서 활용할 수 있다. 예를 들어 '팬더는 중국, 캥거루와 코알라는 호주'에 붙이는 식으로 말이다.

첫째아이가 나라나 지리에 관심이 많아서, 지도 위에 사과, 포도, 미역, 인삼, 김 등 특산물을 찾아 읽으며 놀았다. 친인척이 살고 있는 곳이나 여행했던 지역을 찾아보았고, 공항, 해수욕장, 온천이 있는 지역을 찾거나 고속도로, 철도, 국도를 구별하며 놀았다. 지도를 좋아하는 아이라면 지도 하나만으로 많은 한글을 익힐 수 있다.

물고기를 좋아하는 아이라면 엄마가 함께 동해, 서해, 남해의 물고기를 찾아보고, "동해는 물이 차가워서 명태가 잡히지만 남해와 서해는 물이 따뜻해서 잡히지 않아."라는 상식도 알려주자. 더불어, 물의 깊이는 색깔의 진하기로 구분할 수 있다는 것도 알려줄 수 있다.

서해와 동해에서 같은 색깔의 면적을 비교해 보며, 동해는 급격히 물이 깊어지지만 서해는 물 높이가 낮아 넓은 갯벌이 존재한다는 지식도 말해 주자. 서해는 갯벌 덕분에 조개 등 어패류가 많이 잡히고, 동해는 물이 깊어 오징어나 대게가 잘 잡힌다는 설명과 함께 말이다.

스티커북이 없더라도 숨은 글자 찾기 놀이는 시각형 아이가 좋아할 만하다. 더불어, 공룡을 좋아하는 아이는 공룡이 살았던 나라를 찾아보고, 공주를 좋아하는 아이는 공주가 살고 있는 나라를 찾아보면서 '세계'라는 넓은 세상을 알려줄 수도 있다.

♣ 썼다 지웠다 그림판 활용하기

아이들 장난감 중에 그림을 그리고 버튼을 누르면 지워지는 장난감 그림판이 있다. 그런 장난감이 있다면 한글을 노출할 때 칠판 대신 사용해 보자. 적혀 있던 글자가 순식간에 없어지는 것을 보고 아이들은 마술을 본 것처럼 신기해한다. 둘째아이는 이 놀이를 무척 좋아했는데, 적어달라는 글자만 적어주면 되므로 아주 간단하게 할 수 있다. 첫째아이가 동생의 한글 선생님이 되어서 배울 단어를 적어 전시해 놓기도 했다.

♣ 비오는 날 유리창에 글자 쓰기

비오거나 한겨울에 김이 잔뜩 서린 유리창에 글자를 쓰는 것도 자연스럽게 한글을 노출할 수 있는 방법이다. 차를 타고 드라이브를 하는 도중에도 안과 바깥의 기온 차이로 생기는 유리창의 서리를 이용해서 글자를 쓸 수 있다. 굳이 비가 오거나 온도 차가 크지 않더라도 유리창에 입김을 호호 불어 글자를 써도 된다. 차 안에서 무료한 시간을 보내기에도 정말 좋다. 샤워 후 김이 잔뜩 서린 화장실 거울에도 글자가 잘 써진다.

♣ 사진 찍기 놀이

글자를 사진 찍어서 보여주거나, 한글놀이 하는 것을 사진이나 동영상으로 찍어서 보여주자. 아이에게 직접 사진을 찍어보라고 해도 좋다.

사진 찍기 놀이.

거울에 글자를 비춰서 보여주는 것도 좋고, 이마에 글자를 붙여 셀프 모드로 사진을 찍어도 아이는 무척 신기해한다. 다만 거울이나 셀프 모드는 좌우 반전이 있어 글자가 반대로 보이므로, 카드 프로텍터에 종이를 끼우지 말고 비닐 자체에 글자를 써서 뒤집어 글자를 붙인 뒤 거울을 보여주면 된다.

거울로 보면 글자가 반전된다는 사실도 알려주고, 거울이 두 개라면 각도가 좁을수록 글자의 개수도 늘어난다는 것도 보여주자. 양쪽에 거울을 비춰 끝없이 자신의 모습을 보여주는 것도 좋다.

한글놀이를 하다 보면 어떤 놀이들은 글자보다 놀이 자체에만 집중할 수도 있다. 굳이 한글놀이가 아니면 어떠한가? 아이가 푹 빠져 논다는 것이 중요하다. 여러 방법으로 아이를 자극해 주는 과정을 통해 아이의 숨은 재능이나 좋아하는 관심 분야를 알 수 있고, 확장도 해줄 수 있다.

아이들과 한글놀이로 시작했으나, 놀이 자체에 빠져서 한글이 무용지물이었던 놀이들도 있었고, 놀이 자체에 흥미가 없었던 놀이들도 있었다. 첫째아이는 너무나 좋아했던 놀이를 둘째아이는 전혀 관심을 보이지 않았던 때도 있었고, 반대로 첫째아이는 시큰둥했는데 둘째아이는 열광하며 놀았던 놀이도 있었다.

그러므로 아이가 재미있게 놀았다면 그 놀이는 본분을 다한 것이라고 생각하자. 그러다 아이가 열광하는 한글놀이가 있다면 그 놀이를 또 열심히 하면 된다. 그렇게 아이와 즐겁게 놀다 보면 어느새 한글을 똑 떼는 날이 온다. 더불어 아이 또한 훌쩍 성장해 있을 것이다.

🌲 한글 학습 동영상 활용하기

첫째아이는 한글을 배울 당시 어려서 동영상을 거의 보여주지 않았는데, 'EBS 한글친구 아라차'라는 프로그램은 몇 번 보여준 적이 있다. 처음에는 한글 동영상으로 유명한 '한글이 야호'를 보

123.

EBS에서 방영한 한글 동영상.

텔레비전에 내장된 영어 학습 프로그램.

여주었는데, 그 당시 16개월 정도밖에 되지 않았던 탓에 상대적으로 긴 시간의 '한글이 야호'는 보지 않았다. 아이 연령에 맞는 한글떼기 동영상을 노출해 주는 것도 좋은 방법이다.

실제로 첫째아이는 '한글친구 아라차' 시즌3를 보면서 자모음 조합 원리를 스스로 깨쳤다. 자석 글자로 '팡팡'이라는 글자를 만들었다가 다시 'ㅏ'를 'ㅗ'로 바꿔서 '퐁퐁'으로 만들어가며 놀기도 했다.

대부분 한글 학습 동영상이 통문자로 시작해서 받침글자, 자모음 조합 등의 순서로 진행되므로 아이 수준에 맞는 동영상을 노출해 준다면 한글을 익히는 데 도움이 된다. 그리고 동영상에서 보았던 단어들은 따로 메모해 두었다가 복습해도 좋다. 복습을 하면 단순히 동영상으로만 노출해 주었을 때보다 효과가 크다.

나는 텔레비전 자체에 내장된 영어 학습 프로그램을 이용하기도 했다. 한글을 선택하면 영어로 바뀌면서 읽어주는 유아 학습 프로그램이었는데, 첫째아이가 조작하고 둘째아이가 한글, 영어를 번갈아가며 읽었다.

동영상을 보여줄 것이냐, 말 것이냐에 대해서는 논란의 여지가 많다. 부모의 신념에 따라 적당히 활용해 준다면 나쁘지 않다고 생각한다.

동영상, 보여줄까? 말까?

많은 부모들이 동영상 노출에 대한 걱정을 많이 한다. 일반적으로 돌 이전부터 하루 두 시간 이상씩 디지털 자극에 노출된 아이들은 점점 미디어에 중독되고, 의사소통 및 사회성 발달에 문제가 생길 수 있다고 한다.

디지털 자극은 서로 주고받는 쌍방향의 의사소통이 아니라 일방적으로 주어지는 것이라서 언어 발달이 지연될 수 있고, 사회성 학습의 기회가 줄어들 수도 있어서 최대한 늦게 노출해 주는 것이 좋지만, 이미 미디어에 노출되었다면 부모가 함께 시청하면서 일방적인 신호가 아닌 쌍방향으로 이끌어주는 것이 좋다. 아이와 함께 동영상을 시청하며 중간중간에 내용에 대해 이야기를 나누는 것을 추천한다. 최근 아이가 좋아하는 동영상을 파악하면 일상에서 대화할 수 있는 주제가 하나 더 늘어나므로 소통하기에도 편리하다.

아이가 동영상을 지나치게 많이 본다면 엄마가 편하다는 이유로 계속 틀어주는 건 아닌지 생각해 봐야 한다. 아이가 동영상을 보는 동안 엄마는 개인 시간을 실컷 갖고, 아이 탓만 해서는 안 된다.

집안일을 해야 하거나 휴식이 필요하다면 아이에게 동영상을 보여주되, 엄마는 해야 할 일을 마치거나 푹 쉬고 나서 남은 시간을 더 밀도 있게 아이와 보내야 한다. TV를 너무 많이 보여줬다는 죄책감을 가질 필요도 없다. 그저 "네가 TV를 혼자 본 덕분에 엄마가 해야 할 일을 마쳤어. 정말 고마워. 엄마가 이제 시간이 나네. 그럼 TV는 그만 보고 엄마랑 놀까? 뭐 하고 놀고 싶어?" 하면 된다. 괜한 죄책감에 시달리지 말자.

두려움으로 아이를 키울 때는 작은 실수에도 죄책감을 느끼느라 바빠 변화를 시도하지 못했다. 다시는 안 그러겠다는 굳은 다짐을 했는데 또다시 같은 잘못을 반복했을 때는 더 큰 죄책감과 맞서 싸워야 했다. 이제 사랑으로 아이를 키우니 잘못했을 때 자책하기보다는 다음에 같은 문제가 생길 때 변화를 시도하게 되었다. 부정적인 생각은 행동의 변화를 꾀하기 어렵다. 스스로 방어하기에 급급하기 때문이다. 긍정적인 생각이 실천을 만들고 변화를 가져온다.

동영상 볼 시간을 아이와 함께 정하는 것도 좋은 방법이다. 만약 이 방법을 선택했다면 단호하게 지켜나가야 한다. 그때그때 부모의 기분에 따라 고무줄처럼 늘어났다 줄어들었다 하는 것은 좋지 않다. 아이가 시간을 지키기 어려워한다면 다시 한 번 조율하는 과정을 거쳐서 동영상 노출 시간이나 횟수를 정해 보자.

우리 아이들의 경우 "텔레비전 볼래? 아니면 엄마랑 놀래?"라고 물어보면 언제나 엄마랑 노는 것을 선택했다. 아이가 중독에 빠지는 것은 오랜 시간 노출된 이유도 있겠지만, 엄마와 교류 없이 심심한 하루를 보내고 있기 때문일 수도 있다. 엄마와 관계가 좋고, 엄마와 함께 노는 것이 즐거운 아이는 텔레비전을 보다가도 언제든

텔레비전을 끄고 다른 놀이를 할 수 있다. 텔레비전 말고는 즐거운 것을 찾지 못했기 때문에 아이들은 계속해서 미디어 자극을 원하는 것이다.

첫째아이 때는 동영상을 거의 보여주지 않았고 아이도 영상 자체에 흥미가 없었다. 집안일 좀 편하게 하고 싶은데, 텔레비전은 절대 안 보고 꼭 나와 하나부터 열까지 다 하려고 했다. 너무 힘들어 좀 쉬고 싶어서 TV를 틀어주어도 보지 않고 놀려고만 해서 피곤했다. 대신 엄마와 대화를 많이 하다 보니 또래보다 말이 빨랐고 지식 수준도 월등히 높았다.

그에 비해 둘째아이는 오빠가 TV를 보니 자연스럽게 일찍 노출되었는데, 그래서인지 첫째아이에 비해서 긴 동영상도 잘 보았다. 그 덕분에 나는 집안일을 할 수도 있고, 가끔 낮잠을 잘 기회까지 있다. 물론 이야기 나누는 시간이 줄어든 것은 사실이지만, 둘째아이까지 첫째아이처럼 보살폈다면 내 몸이 남아나지 않았을 거라고 생각한다. 대신 오빠와 함께 동영상을 보며 서로 피드백이 되어 동영상 내용을 주제로 많은 역할놀이를 하고, 노래와 춤도 따라 하면서 또 다른 경로로 지식을 쌓아가고 있다. 또한 내가 쉴 수 있어서 아이들과 밀도 있게 놀아줄 수 있다는 장점도 있다.

예전 같으면 두 마리 토끼를 다 잡아보려 아등바등했을 테지만 지금은 하나를 얻으면 하나는 내려놓아야 한다는 사실을 알고 있다. '이건 이래서 안 되고 저건 저래서 안 돼.'라는 시각보다 '이건 이래서 좋고 저건 저래서 좋아.'라고 바라보자.

다만 아이가 보는 미디어는 엄마가 내용을 선별하여 좋은 것들로만 노출해 주어야 한다. 유튜브 동영상은 무분별하게 제공되므로 각별히 신경써서 노출해 주자.

아이 일상을 많이 찍어서 동영상으로 보여주는 것도 추천한다. 아이는 동영상을 보면서 부모와 보냈던 좋은 추억을 되새길 수 있다. 나는 동영상을 찍을 때 단순히 상황만 찍은 것이 아니라, 많은 이야기도 함께 해주었다. 그 동영상을 보는 것만으로 엄마의 이야기를 듣는 효과가 있다. 아이의 행동에 대한 설명도 좋고, 지금 일어나고 있는 일들에 대한 설명도 좋다. 최대한 엄마가 알고 있는 모든 지식을 총동원하여 동영상을 찍어서 아이에게 보여주자.

첫째아이에게 예전 일을 물어보면, 동영상이 없는 에피소드는 많이 잊어버렸지만, 동영상으로 자주 보았던 일들은 아직도 또렷이 기억하고 있다. 한글놀이나 과학놀이, 미술놀이, 수학놀이 등도 동영상으로 찍어서 보여주면 자연스럽게 복습이 된다. 또한 나는 미디어 대부분을 영어나 중국어, 일본어 등 외국어로 노출해 주었다.

첫째아이는 혼자서 영어책을 두 돌 전부터 읽은 데 반해, 같이 이야기할 상대가 없다 보니 프리토킹 발화가 늦었다. 하지만 둘째 아이는 이미 다개국어 노출 환경에서 태어났고, 오빠가 자연스럽게 다개국어를 구사하고 또 함께 미디어를 보면서 돌쯤에 말문이 터짐과 동시에 3개 국어를 쏟아냈다.

지금은 내가 두 아이들의 대화를 알아듣지 못할 때가 종종 있을 정도다. 물론 첫째아이와 둘째아이 모두 꾸준한 책 읽기가 뒷받침이 되었다. 첫째아이 때 열심히 노력한 것들이 둘째아이 때는 거저먹고 들어가는 것처럼 해택을 많이 보았다.

미디어를 적당한 때에 적절하게 활용한다면 순기능이 훨씬 많다. 스마트한 세상을 굳이 아날로그로 살아야 할 필요는 없다고 생각한다. 세상은 스마트하게 돌아갈 것이고, 평생 그것들을 사용하지 않고 살 수는 없다. 그렇다면 그것들을 올바르게 활용하는 방법을 가르쳐주는 것이 더 필요하다고 생각한다.

🌲 잠들기 전 10분, 레이저포인트놀이

잠을 자려고 불을 껐는데, 잠들지 못하고 뒤척이는 아이에게 해주면 밤새워 놀자고 하는 놀이이다. 전등이나 취침등만 켜놓은 상태에서 글자에 레이저포인트를 비춰주는 놀이인데, 벽에 비춰 빠르게 돌리면 동그라미나 세모, 네모 등이 보인다. 잔상이 남아서 그렇다는 것도 알려주고, 각각의 글자에 동그라미를 그리며 읽어주어도 좋다.

♣ 그림자놀이

종이에 글자 모양을 오려서 빛을 투과시켜 벽에 비춰보자. 아이들 입에서 절로 탄성이 나오는 놀이이다. 글자 만드는 일이 조금 힘들기는 하지만 아이들이 열광할 정도로 좋아해서 보람을 느낄 수 있다. 군이 한글놀이가 아니더라도 손으로 개, 비둘기, 토끼 그림자 등을 만들고 해당 글자를 노출해 주어도 된다.

♣ 그림 그리기 놀이

아이가 좋아하는 그림을 그려주면서 한글을 알려주는 방식이다. 무엇이든 상관없다. 아이가 동물을 좋아하면 동물 그림을 그린 뒤 동물 이름을 적어주면 되고, 인체에 관심이 많은 아이라면 사람 몸 안에 뼈나 장기 등을 그려 이름을 알려주면 된다. 아이가 그린 그림에도 글자를 써서 노출할 수 있다.

아이들이 열광할 정도로 좋아했던 그림자놀이.

그림을 그린 뒤 글자 적어주기.

♣ 스마트폰 전광판 어플놀이

스마트폰 어플 중 전광판 어플을 이용해서 한글을 알려주는 방법이다. 따로 종이나 펜이 필요 없기 때문에 언제 어디서든 활용할 수 있다. 대부분의 아이들이 좋아하는 놀이지만, 다양한 색깔과 글자체로 꾸밀 수 있다는 점에서 시각형 아이들이 특히 좋아하는 놀이다.

방법은 간단하다. 전광판 어플을 이용하여 노출해 주고 싶은 글자를 몇 개 적어 다양한 효과를 넣어서 보여주면 된다. 외출할 때 이용해도 효과적이고, 밤에 잠들기 전에 낮에 배웠던 단어를 정리할 때도 간편하게 이용할 수 있다.

♣ 같은 듯 다른 느낌, 데칼코마니놀이

실에 물감을 묻힌 뒤 스케치북 위에 아무렇게나 놓고 종이를 반으로 접어 실을 잡아당긴다. 좌우 반전의 데칼코마니가 완성

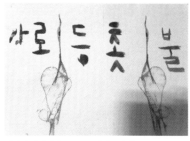

아이의 상상력이 돋보이는 데칼코마니놀이.

되었다면, 같은 그림 다른 이름을 하나씩 붙여본다. 아이에게 나타난 그림이 무엇인지 물어보고, 반대편에 똑같은 모양의 그림은 또 어떤 것으로 보이는지 물어본다면 아이의 상상력을 키워주는 기회가 된다.

스마트한 세상 스마트하게 활용하자

아이를 위해 텔레비전도 없애고, 스마트폰 대신 2G폰으로 바꿔서 사용하는 엄마들이 있다. 나 같은 평범한 엄마는 그런 결단력과 의지력에 감탄을 보낼 수밖에 없다. 몇 번 TV를 없애려고도 해봤지만, 그들이 현실적으로 주는 재미와 편의 때문에 없앨 수 없었다. 이왕 그들과 함께 생활할 거라면 그 선택을 존중하고 좀 더 효과적으로 이용하면 된다고 생각한다.

미디어 노출에 대한 것은 어디까지나 스스로 장단점을 따져보고 결정하면 된다. 아이와의 애착이나 관계는 뒷전인 채 무분별한 미디어 노출은 문제가 있지만, 그렇지 않다면 적절하게 사용하며 스마트한 세상을 스마트하게 살아보자.

첫째아이가 한글을 뗄 때 국어사전과 백과사전을 자주 봤는데 예전 버전이다 보니 개정된 내용들도 많았고 무엇보다 찾는 시간이 오래 걸렸다. 한번 찾으려면 무거운 데다 책장 앞을 오가는 번거로움까지 있었다. 그런 수고를 스마트폰으로 대체하고 나서는 시간과 노력이 줄어들었다.

예전에는 아이가 궁금한 것이 있으면 "집에 가서 책 찾아보자."라고 했다면, 지금은 바로 그 자리에서 스마트폰으로 찾아 알려줄 수 있다. 아이가 질문했을 때 잘 생각이 안 나면 검색을 통해 정확하게 설명해 줄 수 있으니 참으로 좋은 세상이다.

첫째아이는 꽃을 무척 좋아했는데, 꽃 이름을 물어볼 때 모르는 꽃이면 사진을 찍어놓았다가 집에 가서 도감이나 백과사전, 인터넷으로 찾아보았다. 계절이 봄이면서 노란색 꽃이라면 '노란색 봄꽃', 꽃을 본 장소가 산이라면 '산에 피는 봄꽃' 등으로 다양한 검색어를 넣어 이미지를 찾아보고 그 꽃과 똑같은 꽃을 찾아 이름을 알아낸 것이다. 도감이나 백과사전에서도 찾을 수 있지만, 인터넷으로 찾아낸 꽃이 훨씬 많았다.

요즘은 꽃 사진을 찍으면 이름을 찾아주는 어플도 있으므로 아이가 식물을 좋아한다면 이용해 볼 만하다. 아이가 모르는 것이 있을 때 책이나 스마트폰을 이용해서 해답을 찾아가는 과정을 보여주자. 그런 엄마의 모습을 보면서 아이는 스스로 지식을 습득하는 방법을 배우게 될 것이다.

소리에 민감하게 반응하는 청각형 아이가 특히 좋아하는 한글놀이가 있다. 소리의 맛을 느끼게 해주는 놀이인데, 청각형인 첫째 아이와 많이 했던 놀이들이다.

♣ 귀에 익숙한 광고 카피 활용하기

집에 있는 물건들을 광고한 카피를 그대로 옮겨 리듬감 있게 읽어주자. 예를 들어 "왼손으로 비비고, 오른손으로 비비고 팔도 비빔면." 하며 읽어주면 두 아이 모두 아주 좋아하며 계속 읽어달라고 했다. 굳이 그 상품에만 사용하지 않고 다양하게 응용해서 활용하면 된다.

우리 아이들의 경우, 엄마가 직접 쓴 글자도 좋아했지만, 실제

글자를 읽어주면 한글에 대한 아이의 관심이 커진다.

건반에 음계를 적어서 읽어주어도 된다.

물건에 쓰여 있는 글자도 매우 좋아했다. 간판이나 이정표, 바리케이드, 엘리베이터 안 광고 스티커 등도 자주 노출해 주자. 글자들이 일상생활 곳곳에 쓰인다는 걸 알면 한글에 더욱 관심을 갖게 된다.

♣ 장난감 피아노에 음계 붙여주기

악기는 청각형 아이는 물론이고, 대부분의 아이들이 좋아한다. 장난감 피아노에 도레미파솔라시도 음계를 적어 아이가 피아노를 치면서 음가를 익힐 수 있도록 도와주자. 엄마가 "도레미파솔라시도.", "도시라솔파미레도."를 치면서 하나씩 읽어주어도 좋고, 아이가 좋아하는 동요를 연주하면서 노래 대신 계이름으로 불러주며 연주하는 방법도 있다.

♣ 악기 소리를 내면 해당 악기 글자 찾기

집에 있는 장난감 악기들을 연주해도 좋지만, 스마트폰으로 악기 소리를 검색해서 들려주어도 좋다. 집에 악기가 없다면 입으로 소리 내어도 상관없다. 아이에게 의성어를 들려주고 그에 해당하는 글자를 찾게 한다.

아이가 이미 많이 가지고 놀아서 익숙한 악기를 사용하는 것이 좋고, 평소 엄마가 그 악기를 표현할 때 썼던 의성어를 써주어야 한다. 큰북, 작은북같이 헷갈릴 수 있는 악기를 동시에 글자로 알려주어서는 안 된다. 피리는 '삘릴릴리', 북은 '둥둥둥', 캐스터네츠는 '딱딱딱딱', 트라이앵글은 '챙챙챙', 쉐커레는 '샥샥샥샥' 등 아이가 들었을 때 구분 가능한 의성어를 사용하자.

악기 글자와 악기가 내는 소리 글자에 사랑의 작대기를 긋는 방법도 추천한다.

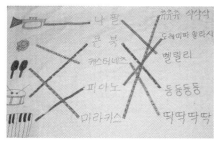

악기 모양과 이름, 악기가 내는 소리를 연결시킨다.

동물의 소리를 알려준다.

이와 유사한 방법으로 엄마가 동물 소리를 내고, 아이는 그에 해당하는 동물 글자를 찾는 놀이도 있다. '꽥꽥꽥', '꿀꿀꿀', '멍멍멍', '야옹야옹', '어흥', '뿌우우', '우끼끼' 등 동물 소리를 흉내내고, 아이에게 무슨 동물인지 맞혀보라고 하며 다양한 동물 글자를 노출해 주어도 된다.

♣ 소리에 집중하는 절대음감 놀이

청각형 아이들 중에는 절대음감인 아이들이 있다. 그런 아이들은 엄마가 피아노를 치면 그 음을 나타내는 글자를 찾는 놀이를 좋아한다.

♣ 쉽지만 효과 만점! 노래 제목 읽어주기

첫째아이 때, 집에 CD플레이어가 따로 없어서 홈시어터에 CD를 넣고 동요를 들려주었는데, TV와 연결할 경우 각 트랙의 제목이 보였다. 노래가 나올 때마다 현재 나오는 노래 제목만 파란색으로 바뀌었는데 아이는 그게 신기했던지 재미있게 보았다. 아이와 즐겁게 노래를 들으면서 제목이 바뀔 때마다 읽어주기만 하면 되는 방법이어서 무척 간단하다.

동요집을 보며 노래를 부를 때도 노래가 바뀔 때마다 제목을 손가락으로 짚어주며 노출해 줄 수 있다.

♣ 읽는 맛이 있는 말놀이 동요집과 동시집

청각형 아이들은 유난히 의성어, 의태어를 좋아하기 때문에 동시나 동요를 읽어주는 것도 좋은 방법이다. 최승호 작가의 《말놀이 동시집》에는 청각형 아이들의 호기심을 자극할 만한 예쁘고 다양한 음가들이 가득 담겨 있다. 한글을 떼기 쉽게 음가별로 시가 구분되어 있어서 한글 떼는 데 도움이 된다.

또한 《말놀이 동시집》을 동요로 바꾸어놓은 《말놀이 동요집》도 있는데, 어른이 들어도 재미있는 시들을 아름다운 동요로 바꾸어놓아 두 아이 모두 좋아했다.

아이의 한글떼기가 어느 정도 진행되었다면 아이가 좋아하는 동요 가사를 큰 스케치북에 적어서 노출해 주어도 된다. 동시이기 때문에 평소에 자주 쓰지 않는 표현이나 음가들이 많아 다양한 어휘를 알려줄 수 있다.

청각형 아이의 한글놀이가 시각형 아이에 비해 적다고 생각할 수 있는데, 사실 청각형 아이의 경우 동요나 노래를 리듬감 있게 읽어주는 것만으로도 한글을 쉽게 받아들이기 때문에 한글떼기가 무척 쉬운 편이다. 첫째아이는 청각형이었는데, 한글을 흡수하다시피 받아들였다.

아이의 성향에 따라 편의상 놀이를 분류했지만, 사실상 아이들

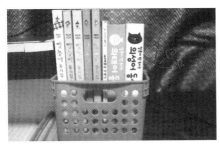
두 아이들의 사랑을 받았던 다양한 동시집.

스마트패드 놀이.

은 놀이를 모두 좋아한다. 엄마가 재미있고 신나게 놀아주면 아이는 더 좋아하고, 그만큼 한글떼기는 빨라진다.

🌲 사운드패드 놀이

아이 놀이북 중에 사운드패드가 포함된 책들이 있다. 패드의 버튼을 누르면 그림의 이름을 알려준다. 사물 이름을 적은 견출지를 해당 버튼 위에 붙여 노출해 주는 방법이다. 다만 견출지로 그림을 가리기 전에 아이가 충분히 가지고 놀 수 있는 기회를 주어야 한다. 왜냐하면 그림을 가린 후에 소리만으로 어떤 사물인지 충분히 인지하고 있어야 하기 때문이다.

우리 아이들은 《스마트패드 탈것백과》와 《스마트패드 동물백과》를 잘 가지고 놀았다. 엄마가 군이 함께 하지 않아도 아이 혼자 패드의 버튼을 누르면서 자연스럽게 한글을 익힐 수 있다는 장점이 있다.

체각형 아이는 활동적으로 노는 것을 좋아한다. 몸으로 신나게 놀면서 받아들이기 때문에 아이가 더 즐거워할 수밖에 없다. 물론 체각형 아이도 시각형 아이와 청각형 아이의 놀이도 좋아하므로 다양하게 활용해 보자.

♣ 아플 때 '호!' 해주는 약사놀이

스케치북에 동물 이름을 적어놓고 약을 발라주는 놀이이다. 아이는 사물을 의인화하는 데도 천재이므로 꼭 동물일 필요는 없다. 다 쓴 소독약 통을 깨끗이 씻은 다음 사용하면 된다. 자연스럽게 아웃풋도 확인할 수 있으므로 일석이조의 효과가 있다. 소독약 대신 반창고를 붙여주거나 색칠놀이를 해도 상관없다.

🌲 아이의 승부욕을 자극하는 화살 쏘기

장난감 양궁 놀이 세트를 이용하여 과녁 대신 글자에 화살을 맞히는 놀이이다. 통유리나 자석 칠판에 글자를 적어서 맞혀도 좋다. 통유리나 자석 칠판에 과녁을 그리고 점수를 한글로 적어서 누가 점수가 높은지 비교해 보고, 라운드를 나누어 합한 점수가 높은 사람

글자에 화살을 맞히는 놀이.

이 이기는 것으로 약속하면 더하기도 할 수 있는 수학놀이가 된다.

아직 화살을 쏘기 어린 연령대라면 화살을 직접 들고 가서 통유리에 붙여도 된다. 아이가 화살을 붙인 글자를 읽어주며 "우와! 우리 샛별이가 여우를 잡았네. 이번에는 호랑이도 잡아볼까? 어흥!" 하며 사냥놀이를 할 수도 있다.

🌲 누구나 좋아하는 세탁기놀이

다 쓴 티슈곽이나 종이박스를 이용하여 세탁기를 만들어도 좋고, 시중에 나와 있는 장난감 세탁기를 사용해도 좋다. 세탁기 안에 다양한 의류의 이름을 적어 빨래를 돌린다. 엄마가 실제로 빨래하는 것처럼 세제와 섬유유연제도 넣고, 세탁, 헹굼, 탈수 과정

을 거쳐서 빨래가 완료됨을 알려주자. 다양한 효과음을 내면 아이가 좀 더 생동감 있는 놀이를 할 수 있다. 탈수까지 끝났다면 빨래를 꺼내서 행거에 빨래집게를 꽂아 널며 다시 한 번 글자를 노출해 주어도 좋다.

나는 실제로 빨래를 돌릴 때 아이가 직접 작동할 수 있게 해주었다. 세제는 내가 넣었지만, 빠는 옷의 종류에 따라 가루세제나 울세제가 바뀐다는 것을 알려주었고, 섬유유연제는 옷감에 정전기 발생을 막아주고 향도 좋게 해준다는 사실도 알려주었다. 세제를 넣은 뒤에는 아이가 직접 세탁 코스를 누르게 했다.

아이가 둥근 버튼을 돌릴 때마다 표준세탁, 기능성 의류, 컬러케어, 찬물세탁, 란제리울 등 세탁 코스에 대해 설명해 주었고, 물 온도의 변화, 세탁하는 시간, 헹굼 횟수 등 아이가 알고 싶어 하는 것을 알려주었다. 엄마가 하는 일상생활을 자세히 알려주는 것만으로도 아이에게는 엄청난 언어 자극이 된다.

장난감 세탁기를 이용한 세탁기놀이.

빨래가 끝나면 빨래 글자를 건조대에 널어준다.

첫째아이는 전자제품에 관심이 많았다. 내가 전자제품을 사용할 때마다 아이는 엄청난 질문 공세를 퍼부었다. 어린 시절부터 집안의 모든 건전지는 스스로 끼워 넣다 보니 자연스럽게 ＋극과 ―극에 대해서 알았고, 기계가 고장나서 방문 서비스라도 받는 날에는 두 눈을 반짝이며 수리하는 아저씨에게 질문을 쏟아냈다.

나는 위험하지 않는 선에서 아이가 전기제품을 작동하도록 허락해 주었다. 전기밥솥, 냉장고, 홈시어터, DVD, 오디오 등을 작동하게 해주었고, 리모컨이나 인터폰을 누르게 해주었으며, 공동 현관과 집 현관의 비밀번호를 누를 수 있게 했다. 전화 걸기, 보일러 온도 조절하기, 문자 보내기, 카톡 사진 보내기, 인터넷 뱅킹하기, 인터넷으로 카드 결제하기, 자동차 문 열고 잠그기, 트렁크 열기, 동영상 보내기, 간단한 컴퓨터 작업, 고장난 시계 분해 역시 직접 할 수 있게 해주었다. 이 모든 것이 돌부터 지금까지 계속되고 있다.

아이가 하고 싶어 하는 것이 있다면 할 수 있는 기회를 주자. "너는 아직 어려서 못 해."라고 말하지 말고 "한번 해볼래? 힘들면 엄마가 도와줄게."라고 말하고 기다려주는 것이 아이에 대한 배려라고 생각한다.

나는 차 번호판을 읽을 때 '일구팔팔'이라고 읽지 않고 '천구백팔십팔'이라고 읽어주었다. 실제로 아이는 비오는 날 지하 주차장에서 놀면서 차 번호판을 보며 천 단위 숫자를 깨쳤고, 자동차 뒤 영어 이름을 보면서 파닉스를 익혔다.

아이에게 한계를 주지 말아야 한다. 아이의 가능성을 활짝 열어두고 그 가능성을 펼칠 수 있는 기회를 주어야 한다. 부모가 지레짐작하여 아이에게 한계를 그어버리면 아이가 좋아하는 분야가 무엇인지, 어떤 것을 잘하는지 알아차리지 못하고 지나칠 수 있다. 아이가 눈을 반짝이는 것에 대해 관심을 갖고 아이의 흥미가 더 커나가도록 도와주는 것이 부모가 할 일이다.

> **Tip. 장난감 사지 않고 빌리는 법**
>
> ✚ 나는 첫째아이가 어릴 때부터 시에서 운영하는 장난감 도서관을 이용했다. 3주간 세 종류의 장난감을 저렴한 연회비로 빌릴 수 있는데, 2~3주마다 새로운 장난감을 바꿔서 한글놀이를 할 때 다양하게 활용했다. 요즘은 이런 보육 복지가 잘 마련되어 있으므로 구청이나 보건소, 육아종합지원센터, 주민자치센터 등에 문의해 보자.

🌲 아이들의 흥미 백배! 다림질놀이

여자아이 남자아이 할 것 없이 아이들은 엄마가 하는 집안일에 관심이 많고 직접 하고 싶어 한다. 위험하다고 아이들 잘 때 하거나, 깨어 있을 때 하더라도 근처에 오지 못하게 하는 다림질도 예외는 아니다.

세탁기놀이로 빨래도 돌려보고 빨래집게에 꽂아 말려도 보았다면, 장난감 다리미나 코드를 꽂지 않은 다리미를 이용하여 아이에게 다림질을 할 기회를 주자. 다양한 옷 그림을 직접 그려 예쁘게 색칠하거나, 그림을 프린트해서 코팅한 다음 사용해도 좋다. 실제 손수건이나 인형 옷 등도 다려보고, 단순히 카드 프로텍터에 넣은 글자를 다려도 좋다.

Tip. 의류 관련 단어

✚ 치마, 원피스, 투피스, 드레스, 웨딩드레스, 멜빵치마, 바지, 청바지, 면바지, 멜빵바지, 반바지, 티셔츠, 반팔 티셔츠, 와이셔츠, 남방, 블라우스, 목폴라, 민소매, 조끼, 점퍼, 재킷, 바람막이점퍼, 카디건, 외투, 트레이닝복, 팬티, 내복, 내의, 코트, 바바리코트, 잠옷, 양복, 정장, 턱시도, 니트, 치마바지, 트레이닝바지, 냉장고바지, 등산복, 운동복, 스키니, 배기팬츠, 레깅스, 스타킹, 팬티스타킹, 양말, 반양말, 넥타이, 나비넥타이, 속치마, 속바지, 레인코트(우비), 수영복, 비키니, 원피스수영복, 선캡모자, 털모자, 밀짚모자, 벙거지모자, 야구모자, 목도리, 스카프, 구두, 운동화, 스니커즈, 부츠, 슬리퍼, 단화, 하이힐, 조깅화, 샌들, 아쿠아슈즈, 실내화, 장화, 벨트 등.

♣ '한글'을 넣어 더 재미있는 인형놀이

아이들이 역할놀이에 빠질 때가 있다. 어른들은 비슷한 패

종이 옷을 다리는 다림질놀이.

아이들이 무한 반복하는 인형놀이.

턴의 역할놀이가 참 지루한 데 비해 아이들은 무한 반복하고 싶어 한다. 역할놀이에 한글놀이를 더해 주면 엄마의 지루함도 줄어들고 아이의 재미는 배가 된다.

다양한 역할놀이가 있지만, 여자아이들이 좋아하는 인형놀이를 통해서도 한글놀이를 할 수 있다. 종이인형이나 자석인형을 이용해서 의류나 액세서리 이름을 알려주어도 좋고, 화장세트 장난감에 '빗, 거울, 립스틱, 향수, 고대기, 드라이기, 콤팩트' 등의 이름을 적어서 노출해 줄 수도 있다.

한글로 된 머리핀도 여러 개 준비해 두었다가 인형 머리에 꽂아주면서 한글을 노출해 주어도 된다. 공주님 머리핀을 꽂은 인형이 "안녕, 내 이름은 공주님이야. 그래서 머리핀도 공주님 머리핀이란다.", "공주님, 머리를 빗겨줄까?" 하면서 자연스럽게 노출할 수 있다.

인형이 작은 책을 보는 것처럼 세워두고 책 제목을 읽어주어도 좋다. "이제 나는 책을 봐야지. 무슨 책을 볼까? 책 제목이 '곰 세 마리'네." 하면서 재미있게 역할놀이를 해주자.

🌲 염색한 티슈로 꽃바구니 만들기

아이와 산책하면서 꽃이나 나뭇잎, 열매 등을 주워 코팅하고 이름을 적어준다. 그것들을 1년간 모아두었다가 전지에 바구니를 그려놓고 티슈를 염색하여 붙이고 꽃과 낙엽, 열매로 꽃바구니를 만들 수 있다. 코팅지 뒤에 얇은 철사를 붙여 바구니에 꽃꽂이를 해도 된다. 봄, 여름, 가을이라는 계절을 다시 한 번 느끼고 추억을 되살리는 시간을 가질 수 있다.

🌲 다양한 재료로 글자 만들기

직접 체험하는 것을 즐기는 체각형 아이들은 다양한 재료로 글

티슈를 염색하고, 봄과 가을에 모았던 꽃과 낙엽, 열매로 근사한 꽃바구니를 만들었다.

다양한 재료로 글자를 만들 수 있다.

자를 만드는 놀이도 좋아한다. 점토, 성냥, 국수, 과일 껍질, 바둑돌, 소마큐브, 밀가루 반죽, 색테이프 등 다양한 재료로 글자를 만들어보자. 체각형 아이뿐만 아니라, 대부분의 아이들이 좋아하는 놀이이다.

🌲 재미, 정보, 한글, 일석삼조의 효과! 낚시놀이

해양생물 단어를 알려주기에 좋은 놀이이다. 낚시 교구에 이름을 적어서 사용하거나, 종이에 클립을 끼워서 자석 낚싯대를 이용해도 된다. 씻어 말린 우유팩에 물고기 이름을 적고 욕조에 물을 담아 글자를 띄워 그물망이나 체로 물고기를 낚아도 좋다. 모든 놀이가 그렇지만, 아이는 모든 물체를 의인화하므로 굳이 물고기 종류일 필요는 없다.

낚시놀이는 해양생물을 알려주기에 좋다.

🌲 시원한 재미가 있는 글자 물총놀이

목욕할 때 씻어 말린 우유팩에 글자를 써서 타일에 여러 개 붙여두고 엄마가 단어를 부르면 아이가 해당 단어를 물총으로 맞히는 놀이이다. 물총으로 글자를 맞히기만 해도 좋고, 맞혀서 떨어뜨리는 놀이도 아이들이 재미있어한다. 간단하지만 아이가 글자를 맞히기 위해 단어에 집중하므로 학습 효과도 뛰어나다. 글자를 알고 있는지 확인하기에도 좋은 놀이이다.

🌲 집안일도 도와주는 분리수거놀이

집에서 분리수거를 할 때 캔, 종이, 플라스틱, 병, 비닐 등으로 박스를 나누어서 글자를 붙여두고 아이에게 분리수거를 시켜도 되고, 아이와 분리수거장으로 나가서 함께 분리수거를 해도 된다.

나는 아이와 함께 분리수거를 하는 쪽이었는데, 위험한 병이나 캔을 제외하고는 아이가 직접 분리수거를 해볼 기회를 주었다.

글자를 맞히는 물총놀이는 재미있게 한글을 익힐 수 있다.   아이들이 좋아했던 쌀놀이.

아이는 무척 재미있어하면서 했다.

고래밥이나 젤리밥을 먹을 때 물고기 이름을 하나씩 적어서 투명한 유리그릇에 붙여두고 물고기를 그릇에 분류하는 놀이도 아이들이 재미있어한다.

♣ 콩콩콩! 도장 찍기 놀이

이름이 새겨진 도장이나 '참 잘했어요' 도장같이 한글이 적힌 도장을 스케치북에 찍어주는 놀이이다. 몸에 도장을 찍어주어도 아이가 무척 재미있어한다. 스케치북에 여러 글자를 적어놓고 글자를 읽어주며 도장을 찍는 놀이를 해도 좋다. 아이가 도장을 찍는 글자를 읽어주는 것만으로도 한글이 노출된다. 따로 인주를 묻힐 필요가 없는 도장을 사용하면 좀 더 편하다. 카드 프로텍터가 비닐이기 때문에 그 위에 도장을 바로 찍으면서 놀고 물티슈로 닦아내도 된다. 알고 있는 글자를 확인하기에 좋은 방법이다.

♣ 쌀 속에 숨은 글자 찾기

촉감놀이와 까꿍놀이를 좋아하는 아이들이라면 열광적인 반응을 기대해도 좋다. 나는 한여름에 모래놀이를 하러 나가는 아이가 너무 힘들어서 집에서 쌀놀이를 하게 해주었는데, 아이가 재미있어해서 한글놀이를 접목시켰다. 반응은 가히 폭발적이었고, 이 놀이로 첫째아이 한글을 마무리했다. 장난감 포클레인을 이용해서 트럭 안에 미리 넣어둔 통문자를 쌀로 파묻어도 보고, 트럭에 있는 쌀들을 쏟아붓기도 하면서 숨은 글자를 다시 노출해 주었다. 쌀로 요리도 해보고, '두껍아, 두껍아. 헌집 줄게, 새집 다오.'라고 적힌 스케치북 위에 삽으로 글자들을 묻는 놀이를 하는 등 다양한 놀이를 해주었다.

♣ 엄마의 추억 소환! 동전 판화놀이

유년 시절, 동전 위에 얇은 종이를 올려놓고 연필로 칠한 경험이 한번쯤 있을 것이다. 이 놀이를 아이와 함께 하면 글자도 알려줄 수 있고 추억도 되새겨 볼 수 있다. 숫자도 익히고, 그림에 대한 이야기도 나누어보자.

♣ 활용 방법이 무궁무진한 글자 징검다리놀이

상자 안에 책을 채워 넣거나 장난감 블록상자를 뒤집어 글자를 붙이고 징검다리를 건너는 놀이이다. 아이가 강을 건너는 상황을 연출하고, 그 위에서 떨어지면 물에 빠졌다며 아이에게 분무기를 살짝 뿌려주어도 효과 만점이다.

아이가 상자 위에 붙어 있는 글자를 읽을 때만 그 상자를 밟을 수 있고, 그렇지 않을 때는 건너뛰어야 한다는 세부 사항을 정해

엄마의 추억이 담긴 동전 판화놀이.

다양한 놀이로 활용 가능한 글자 징검다리놀이.

도 좋다. 다만 아이가 모르는 글자보다 알고 있는 글자를 더 많이 넣어야 부담스러워하지 않고 재미있게 한다.

엄마가 불러주는 글자나 문장 위로 올라가는 놀이로 응용해도 된다. 엄마가 잡으러 가기 전에 해당 글자가 있는 상자 위로 올라가는 것이다. 엄마가 악어가 되어 천천히 헤엄쳐 가면 아이들은 비명을 지르며 상자 위로 올라갈 것이다. 혹시나 서두르다가 떨어질 수도 있으므로 상자 주위에 폭신한 이불이나 매트를 깔아두어야 한다.

물론 단순히 종이 위에 글자를 써서 붙이고 징검다리를 건너는 놀이를 해도 된다. 아이가 건너는 글자를 읽어주면서 자연스럽게 한글을 노출해 줄 수 있다.

이 놀이를 하는 도중에 첫째아이가 아이디어를 냈다. 동생과 서로 반대편에서 가위바위보를 해서 이긴 사람이 한 칸씩 전진하며, 먼저 건너는 사람이 이기는 게임이다. 이긴 사람은 상자를 건너기 전 상자에 붙은 글자를 큰 소리로 읽어야 건널 수 있다. 글자를 읽지 못했을 때는 같은 자리에서 가위바위보를 해야 한다.

노출된 글자들이 익숙해지면 상자는 그대로 두고 종이만 바꿔서 붙여주면 된다.

🌲 요리의 즐거움을 주는 글자 소꿉놀이

집집마다 장난감 오븐이나 전자레인지, 가스레인지 등 다양한 소꿉놀이 세트가 하나씩은 있다. 그것을 활용하면 다양한 한글놀이가 가능하다. 잘 말린 우유팩에 글자를 써서 재료처럼 프라이팬에 볶으며 놀아도 되고, 글자를 붙인 장난감 요리들을 오븐이나 전자레인지에 넣고 돌리며 놀 수도 있다. 단순히 요리 도구나 요리 재료에 글자를 적어놓고 자연스럽게 놀면서 노출해 주어도 된다. 응용 방법은 무궁무진하므로 아이가 좋아하는 방식을 선택해 보자.

도구나 재료에 글자를 적어 붙인 글자 소꿉놀이.

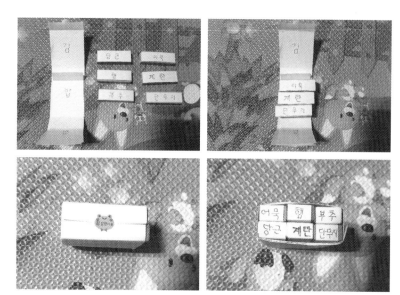

나무 젠가로 김밥을 만드는 김밥 말기 놀이.

♣ 돌돌돌 짠! 김밥 말기 놀이

김밥을 쌀 때는 다양한 요리 재료들이 들어간다. 나무 젠가에 재료들의 이름을 적고, 김은 A4용지를 사용한다. '김'이라고 적힌 A4용지 위에 김의 2/3 정도 되는 밥이라고 적힌 종이를 깔고, 그 위에 당근, 햄, 단무지, 시금치, 어묵 등 재료 이름이 적힌 젠가를 올려놓는다. 재료를 다 올린 다음 돌돌돌 말아서 테이프를 붙이면 완성이다. 다 말았을 때 '김밥'이라는 글씨가 보일 수 있게 미리 말아보고 그 위치에 글자를 적어두면 아이들이 신기해하며 좋아한다. 미리 젠가 옆면에도 재료 이름을 적어두자. 그러면 다 말았을 때 김밥 단면을 통해 글자들을 다시 한 번 노출해 줄 수 있다.

🌲 냠냠! 글자 먹기 놀이

손을 넣어 움직이는 장난감 인형이나 다 쓴 티슈갑에 눈, 코, 입을 그리고 글자 먹기 놀이를 해도 재미있다. 다 쓴 티슈갑을 반으로 잘라 눈, 코, 입을 만들고 입을 벌려 이야기하면서 글자 먹기 놀이를 하는 것이다.

"사과 주세요. 아~" 아이가 '사과'라는 글자를 입속에 넣어주면 "냠냠냠냠. 아이, 맛있어. 꿀꺽!" 하며 인형이 살아 있는 것처럼 생동감 있게 놀아주자. 아이들은 이 놀이를 무한 반복하면서 글자를 빠르게 습득할 것이다.

🌲 자존감까지 높여주는 종이접기 놀이

아이와 종이접기를 한 뒤 만든 작품 위에 이름을 적어주는 간단한 놀이이다. 아이가 만든 작품을 스케치북에 붙여서 이름과 날짜를 적고 전시해 보자. 종이접기뿐 아니라 아이의 그림이나 만들기 등도 날짜를 기록하여 전시할 수 있다. 그러면 아이의 성장을 한눈에 알아볼 수 있을뿐더러 자존감도 쑥쑥 자라날 것이다. 아이가 그리거나 만든 게 많아서 전시하기 어려우면 파일에 차곡차곡 모아두는 것도 좋은 방법이다.

♣ 자동차를 좋아하는 아이라면 주차놀이

자동차를 좋아하는 아이들이 특히 좋아할 만한 놀이이다. 집에 있는 장난감 자동차를 총동원하여 스케치북 위에 이름을 적어준다. '로이', '폴리', '엠버', '헬리', '라니' 등 캐릭터 이름을 적어도 좋고, '경찰차', '소방차', '구급차', '헬리콥터', '버스', '스포츠카', '레미콘', '트럭' 등 종류별로 적어도 상관없다. 종이에 글자를 적었으면 각 자동차를 한 대씩 주차시킨다.

나는 타요버스 노래를 응용해서 불러주었는데, "소방차 로이가 주차합니다. 부릉부릉 즐겁게 주차합니다." 하면서 자동차를 주차했다. 차례대로 모두 주차하고 나면 자동차를 한 대씩 빼면서 "소방차 로이가 출동합니다. 불을 끄러 빠르게 달려갑니다." 하며 가사를 바꿔서 불러주었다. 둘째아이가 이 놀이를 정말 좋아해서, 반복하며 자동차 관련 단어들을 빠르게 습득했다.

그림 솜씨가 좋은 엄마들은 전지에 도로나 신호등 표지판, 소

남냠냠 글자를 맛있게 먹는 글자 먹기 놀이.

자동차를 좋아하는 아이에게 더 효과적인 주차놀이.

방서, 병원, 경찰서 등 작은 마을을 그려 좀 더 현실감 있고 자세한 정보들을 알려주면서 놀아도 좋다. 교통 표지판과 글자를 연결시키는 놀이도 자동차에 관심이 많은 아이라면 재미있어한다.

낱글자 단계의 아이들에게는 가나다표를 이용해서 놀아주어도 된다. 낱글자에 들어갈 만한 작은 자동차를 이용하여 "자, '라'에 주차해 주세요.", "이번에는 '호'에 주차해 주세요." 하면서 낱글자를 노출할 수 있다. 숫자 브로마이드를 그대로 이용하면 1에서 100까지 익힐 수 있는 재미있는 수학놀이가 된다.

기차를 좋아하는 아이들은 장난감 기차에 글자들을 싣고 달리는 것도 좋은 방법이다. 포클레인 장난감이 있다면 글자를 담아서 트럭에 담아주는 놀이로 응용해도 좋다. 세세하게 모두 적지는 못하지만, 아이가 좋아하는 놀이에 한글을 노출해 준다고 생각하면 무궁무진한 아이디어가 떠오를 것이다.

Tip. 자동차 관련 단어

✚ 포클레인(굴착기), 화물자동차(덤프트럭), 레미콘(트럭믹서), 휠로더, 견인차, 버스, 스쿨버스, 이층버스, 택시, 경찰차, 구급차, 소방차, 구조차, 승용차, 승합차, 청소차, 살수차, 제설차, 지게차, 유조차(탱크로리), 트랙터(경운기), 경주용 자동차, 캠핑카(트레일러), 쓰레기 수거차, 기중기(크레인), 고소작업차, 수륙양용차, 장갑차, 전차(탱크), 택배차, 카캐리어, 불도저 등.

♣ 글자 미끄럼틀놀이

미끄럼틀 장난감이 있다면, 집에 있는 인형들에게 이름을 붙여 주고 미끄럼틀에 태운다. 굳이 인형이 아니더라도 단순히 글자들이 계단 위에 올라가서 쭉 미끄러지는 놀이를 해도 아이들이 재미있어한다.

첫째아이가 유치원에서 만들어 온 미끄럼틀을 이용해서 동생과 함께 계단을 만들고 놀았는데, 재미있게 미끄럼틀놀이를 하는가 싶더니, 금세 시소놀이로 바꾸어 놀았다. 아이들은 놀 때 보면 천재 같다.

♣ 한글과 숫자를 한꺼번에! 컵 쌓기 놀이

컵 쌓기 장난감을 이용하여 숫자를 한글로 알려줄 수도 있다. 숫자가 적혀 있는 컵 반대편에 한글로 숫자를 적어두고, 아이가 컵 쌓기를 할 때 자연스럽게 읽어준다.

블록 쌓기를 이용하여 한글 숫자를 알려주어도 된다. 아이들마다 다르지만, 처음 블록놀이를 할 때 보면 대부분의 아이들이 계속해서 쌓아올리기만 한다. 이 시기의 아이가 블록을 쌓는다면 미리 적어둔 숫자 블록을 순서대로 주면서 읽어주기만 해도 아이들에게는 한글도 알고 숫자도 아는 기회가 된다.

한글놀이라고 하면 다들 거창하게 생각하지만, 일상생활에서 아이가 하는 놀이에 살짝 한글만 더해 주면 된다. 좀 더 정성을 다해 아이와 놀아준다면 더할 나위 없지만, 그저 약간의 수고만 더해서 노출해 주어도 즐거운 한글놀이가 가능하다.

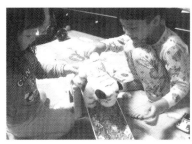

간단히 한글을 익힐 수 있는 글자 미끄럼틀놀이.

한글과 숫자를 동시에 알려줄 수 있는 컵 쌓기 놀이.

아이가 시각형인 데다 몸으로 노는 것을 좋아한다면 시각형 요소와 체각형 요소가 함께 들어 있는 한글놀이를 추천한다. 두 아이 모두 좋아했지만, 특히 둘째아이의 사랑을 듬뿍 받았던 놀이들이다.

🌲 엄마는 마법사! 양초로 적은 마술 글자

세상 모든 아이들이 좋아하는 까꿍놀이를 한글놀이에도 적용시켜 보자. 스케치북 위에 양초로 꾹꾹 눌러 글자를 쓴 뒤, 아이에게 글자가 나타나는 마술을 보여준다며 그 위를 물감으로 덧칠한다. 그러면 양초로 적힌 부분을 제외하고 배경에만 물감이 칠해지면서 숨어 있던 글자가 나타난다. 아이들의 즐거운 비명소리가 끊이지 않는 놀이이다.

드라이아이스 속 글자 찾기.

🌲 드라이아이스에 가려진 글자 찾기

남편은 아이스크림을 종종 사온다. 이때 들어 있는 드라이아이스를 이용해서 한글 노출을 해줄 수 있다. 평평한 양푼에 글자를 넣고 테이프로 고정시킨 뒤 물을 담아 드라이아이스를 넣어 보자. 물과 드라이아이스가 만나 빠르게 승화하면서 연기가 피어오를 것이다.

연기로 잔뜩 가려진 그릇을 신기하게 바라보는 아이들에게 '후후!' 불어보게 해보자. 그러면 연기가 날아가고 밑에 있던 글자가 '짠!' 하고 나타난다. 글자를 바꿔가면서 한글을 노출해 주면 즐거운 한글놀이가 된다.

🌲 스카치테이프로 글자 만들기

욕실 벽면에 스카치테이프를 사용하여 글자 모양대로 붙인 다음 그 위에 아이가 마음껏 물감놀이를 할 수 있게 해준다. 물감이

욕실 벽면에 스카치테이프로 글자를 만든다. 풀로 글자를 쓴 뒤 흑미를 뿌린다.

마른 다음 스카치테이프만 떼어내면 하얀 글자가 나타난다. 글자가 나타나는 순간 아이들은 탄성을 지르며 좋아할 것이다. 이때 물감에 물을 너무 많이 묻혀서 칠하면 잘 칠해지지 않는다. 물은 아주 조금만 넣거나, 포스터 물감을 사용해야 한다.

유리창 위에 스카치테이프로 글자를 붙이고 글라스펜으로 주변을 마구 칠한 뒤 떼어내도 같은 효과를 기대할 수 있다.

🌲 다양한 재료로 모자이크 글자 만들기

스케치북에 풀로 글자를 쓴 뒤 모래나 색모래를 뿌려서 글자를 만들어준다. 마른 낙엽을 비닐봉지에 넣은 다음 잘게 부숴서 사용해도 되고, 유통기한이 지난 흑미로도 글자를 만들 수 있다.

🌲 비누거품으로 글자 가리기

목욕할 때 타월에 비누 거품을 잔뜩 낸 다음 우유팩에 쓴 글자를 거품으로 가린다.

"어? 분명 비누라고 적혀 있었는데? 글자가 어디 갔지?"하면서 가려진 글자를 물에 담갔다가 빼낸다. 거품이 물에 씻겨나가 글자가 나타나면 "쏭! 다시 비누가 나타났네? 까꿍!"하면서 즐겁게 놀면 된다. 우리 아이들이 정말 좋아했던 놀이이다.

🌲 셀로판지에 숨은 글자 찾기

짙은 셀로판지에 매직으로 글자를 쓴 뒤 검은 종이를 겹쳐 스테이플러로 위쪽만 고정시킨다. 그런 다음 아이에게 마술 글자를 보여주겠다며, 셀로판지와 검은 종이 사이에 흰 종이를 끼워 넣어 숨어 있던 글자를 찾는 놀이이다.

검은색 종이 때문에 보이지 않던 글자가 흰 바탕으로 바뀌면서 나타나면 아이들이 신기해한다. 흰 종이 부분을 글자 하나 정도 보이게 동그랗고 작게 만들고 손잡이 부분을 검게 칠하면 글자

셀로판지로 다양한 한글놀이를 할 수 있다.

가 하나씩 보이기 때문에 낱글자 놀이로도 좋다.

이때 단어를 야행성 동물이나 곤충 등으로 적으면 아이들의 흥미는 더욱 커진다. 한치 앞도 안 보이는 깜깜한 밤 속에 "누가 누가 숨었나?" 하며 적혀 있는 글자들을 찾아보자. 자연스럽게 야행성 동물에 대해서 알려줄 수 있는 기회가 된다. 동물 그림을 함께 그려서 노출해 주어도 좋다.

Tip. 야행성 동물과 곤충

✚ 부엉이, 박쥐, 오소리, 들쥐, 방울뱀, 올빼미, 고양이, 코요테, 고슴도치, 하이에나, 코알라, 캥거루, 표범, 사자, 붉은여우, 스컹크, 호랑이, 날다람쥐, 너구리, 천산갑, 비버, 친칠라, 밍크, 고라니, 딩고, 잭토끼, 사막여우, 전갈, 민달팽이, 난쟁이 악어, 햄스터, 소라게, 오셀롯, 패러독스 개구리, 맹꽁이, 붉은눈청개구리, 슬로우로리스(나무늘보원숭이), 안경곰, 타란튤라, 안경원숭이, 족제비리머, 흰꼬리사슴, 늑대, 스라소니, 불도롱뇽, 바위담비, 모기, 사슴벌레, 곱등이, 딱정벌레, 집게벌레, 하늘소, 나방, 반딧불이, 바퀴벌레, 귀뚜라미, 풍뎅이, 사슴벌레, 하루살이, 곰치, 상어, 리본장어 등.

🌲 뽑기공 안에 글자 숨겨두기

뽑기공 안에 종이를 접어 글자를 숨겨두고 공을 열어 확인하는 놀이이다. "어? 이게 뭐지? 달걀인가? 달걀 안에 뭐가 들어 있을

뽑기공

까? 우리 깨뜨려 볼까?" 하며 아이의 호기심을 자극해 보자. 아이가 직접 공을 열고 접힌 종이를 펴는 과정을 통해 소근육도 발달하는 놀이이다.

♣ 그림 뒤에 글자 숨기기

유아용 퍼즐이나 그림 자석을 이용한 놀이 방법이다. 퍼즐판 위에 글자를 써서 그 위에 퍼즐을 끼워 맞추거나 자석 칠판에 글자를 써서 그림을 가져다 붙이는 놀이이다. "여기 다람쥐 글자가 있네, 이 위에 다람쥐를 붙여볼까?" 하며 놀아주면 된다. 반대로 퍼즐(자석)을 빼면서 글자가 나타나게 놀아줄 수도 있다. 곰돌이 그림 퍼즐(자석)을 빼면서 글자가 나타나면 "여기 곰돌이가 숨어

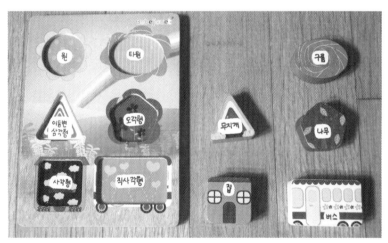

유아용 퍼즐.

있었네, 까꿍!" 하며 놀아준다. 아이가 퍼즐을 맞추는 동안 자연스럽게 글자에 노출된다.

🌲 몸 전체 그림 그려서 신체 부위 알려주기

전지 위에 아이를 눕힌 다음 아이 모양의 본을 떠서 그 위에 글자를 쓴다. 형제자매가 있다면 따로 그림을 그려주고 누가 크고 작은지 비교해 보자. 그림 위에 이름과 날짜를 적어놓고, 1년에 한두 차례 그림을 그려 그동안 얼마나 자랐는지 비교해 보는 것도 재미있다. 집이 통유리로 되어 있다면 통유리에 글라스펜으로 아이 몸 그림을 그린 다음 신체 부위를 적어주거나 카드 프로덱터를 붙여주는 방법도 있다.

자석 칠판에 글자를 쓰고 그 위에 그림을 붙이게 한다.

통유리에 글라스펜으로 아이 그림을 그린다.

전지 위에 아이를 눕혀 그린 다음 그 안에 장기들을 그려서 부위별 명칭을 알려주는 것도 좋다. 신체기관에 관심이 많은 아이라면 환호성을 지르며 좋아할 것이다. 아이에게 장기의 이름뿐아니라 기능도 알려주고, 어떠한 과정으로 음식물이 소화되는지도 설명해 주자.

♣ 단어카드 몸에 붙이기 놀이

가족의 이름이나 호칭을 적은 단어카드를 이마나 가슴에 붙이는 놀이이다. 카드 프로텍터에 물을 묻혀 이마에 붙이거나 A4종이에 크게 '엄마', '아빠'라고 적어 몸에 붙이고 읽어주자. 글자가 어떤 대상을 대신한다는 것을 깨닫게 하는 놀이이므로 처음 한글을 시작하는 아이에게 추천할 만하다.

'가족 가계도'를 만들어서 고모, 이모, 외삼촌 등 호칭과 이름, 띠 등을 알려주어도 좋다. 가족 가계도를 만들기 번거롭다면 결혼식 단체 사진에 글자를 붙여주는 방법도 있다.

카드 프로텍터의 비닐 성질을 이용해서, 분무기로 물을 뿌린 다음 유리창에 붙여놓을 수도 있다. 분무기 쇼와 함께 글자 붙이기 놀이를 해보자. 물을 뿌리기 전에는 붙지 않았던 비닐이 물을 뿌린 뒤에는 붙는다는 것을 설명해 주면 아이들이 신기해한다. 손쉽게 뗐다 붙였다 할 수 있어서 손가락 힘이 약한 유아들도 할 수 있다. 단순히 "사과가 붙어 있네."라고 말하는 것보다 "우와! 여기 사과가 찰싹~ 하고 붙었네."라고 좀 오버스럽게 말하면 아이들이 더 재미있어한다.

아이가 한참 걸음마를 배운다고 온 종일 집안을 돌아다닐 때 유리창에 미리 물을 잔뜩 뿌려놓고 멀찍이 떨어져서 "오렌지 붙여주세요."라고 하며 단어카드를 쥐어주자. 아이가 단어를 유리창에 붙이고 돌아오면 "키위도 붙여주세요." 하며 놀 수 있다. 엄마는 편히 쉬면서 아이는 자신에 맞는 신체 발달을 할 수 있는 방법이다.

장을 보고 와서 냉장고에 재료 등을 정리할 때 아이에게 도움

아이가 유리창에 글자카드 프로덱터를 붙이며 놀고 있다.

을 청해 볼 수도 있다. 아이와 함께 재료들을 정리하면서 냉장고 안에 재료를 하나씩 넣을 때마다 냉장고 문에 글자를 붙여준다. 냉장고 안에 무엇이 들어 있는지 한눈에 알 수 있게 해줘서 고맙다고 이야기하고 놀이를 마치면 된다.

음식 재료를 꺼내서 다 썼다면 아이에게 글자를 떼달라고 부탁하면서 다시 한 번 노출해 줄 수도 있다. 아이가 주방을 오가면서 스스로 글자를 익히기에도 좋다. 아이에게 냉장고 안에 든 것 중 먹고 싶은 것의 글자를 떼달라고 하면, 해당 글자를 알고 있는지 자연스럽게 확인할 수도 있다. 아니면 요리할 때 필요한 소스에 이름을 적어놓아 아이에게 달라고 부탁하는 방법도 있다.

깨끗하게 씻어서 말린 우유팩을 적당히 잘라서 목욕할 때 욕조나 타일에 붙이기 놀이를 해도 좋다. 우리 아이들은 모두 이 놀이를 무척 좋아했는데, 매일 한글놀이를 해주기 어렵다면 목욕할 때만이라도 한글을 노출해 주는 것을 추천한다. 아이가 매일 하는 활동에 한글놀이를 해준다면 꾸준히 노출할 수 있다.

♣ 인형 옷 갈아입히기 놀이

종이인형을 그려 코팅하고, 다양한 옷을 그려 그 안에 옷의 명칭을 적어주고, 종이인형에 옷을 입히는 놀이이다. 시중에서 파는 종이인형을 이용해도 좋다.

'종이인형 이부 파리에서의 하루 페이퍼 돌'이라는 상품이 있는데, 스티커로 여러 번 붙였다 떼었다 사용할 수 있고, 상의와 하의, 액세서리 등이 나뉘어 있어서 실용적이다. 종이인형이라고 하기에는 가격이 조금 비싼 편이지만, 공주놀이를 좋아하는 여자 아이들의 취향에 맞는 인형이다.

첫째아이는 무료로 나눠주는 옷 입히기 스티커를 접착력이 닳아 없어질 때까지 정말 잘 사용했다. 둘째아이 때는 옷 갈아입히는 자석 교구를 이용했다. 자석 옷 입히기 교구는 인터넷에서 손쉽게 구입할 수 있다. 종이에 비해 오래 사용할 수 있다는 점에서 가장 추천하는 방법이다. 엄마가 다양한 채색과 그림으로 글자를 좀 더 눈에 띄게 만들어주면 좋지만, 시간이 부족하다면 교구를 이용해서 노출해 주어도 충분하다.

옷 갈아입히기 놀이를 하면서 한글을 익힐 수 있다.

첫째아이에게 한글을 노출하고 있는데 둘째아이가 한글에 관심을 보인다면 어떻게 해야 할까? 그럴 때는 두 아이 모두에게 한글을 노출시켜 보자. 만약 형제자매가 없다면 부모가 함께 놀아도 상관없다.

첫째아이가 이미 한글을 뗀 상태에서 둘째아이에게 한글을 노출해 주는 경우라도 두 아이가 함께 놀기에 좋은 한글놀이다. 첫째아이를 동생의 한글 선생님으로 임명하면 첫째아이는 사명감을 갖고 동생에게 한글을 알려준다. 이때 둘째아이의 반응이 중요한데, 첫째아이가 선생님인 것을 싫어하는 아이도 있다. 그럴 때는 둘째아이의 의견을 존중해 주자. 그럼에도 첫째아이가 한글 선생님을 하고 싶어 한다면 부모가 제자의 역할을 해주어서 두 아이 모두 행복할 수 있도록 배려해 주는 방법도 있다.

♣ 즐겁게 춤을 추다가 글자에 멈춰라!

A4 용지에 다양한 글자들을 적어 바닥에 깔아놓고 "즐겁게 춤을 추다가 노랑에 멈춰라." 하면 '노랑'이라는 글자가 적힌 종이 위로 올라가는 놀이이다. 굳이 이 노래가 아니더라도 동요를 부를 때는 글자 주변을 뱅글뱅글 돌다가 "빨강!" 하면 '빨강'이라는 글자에 올라가면 된다. "둥글게 둥글게 둥글게 둥글게 빙글빙글 돌아가며 춤을 춥시다. ……즐거웁게 춤추자. 파랑." 하고 엄마가 말하고 누가 먼저 올라가는지 내기를 해도 좋은 놀이이다. 아이들은 서로 먼저 올라가려고 비명을 질러대며 재미있게 놀 것이다.

두 아이가 경쟁심이 강하면 싸울 수도 있는데, 그럴 때는 같은 종이를 두 장 마련해 놓고 한 발로 서서 버티는 놀이로 변경해도 좋다. 늦게 올라가거나 두 발을 짚은 아이에게는

바닥에 글자카드를 깔아놓는다.

'둥글게 둥글게' 노래에 맞춰 빙글빙글 돈다.

'그대로 멈춰라'에 맞춰 글자카드에 올라간다.

얼굴에 붓으로 낙서를 하거나, 코끼리코를 5바퀴 돌게 하는 패널티를 준다면 두 아이 모두 승패와 관계없이 깔깔깔 웃으며 즐겁게 놀 수 있다.

🌲 누가 누가 빨리 뒤집나! 카드 뒤집기 놀이

종이를 여러 장 준비하고, 앞장과 뒷장에 다른 단어를 써놓는다. 두 아이에게는 두 개의 단어 중 하나의 단어를 고르게 한다.

예를 들어 종이 앞뒤로 '빨강'과 '파랑'이라고 써놓고 바닥에 여러 장 깔아놓은 다음 두 아이에게 '빨강'과 '파랑' 중 글자를 하나씩 정하게 해서 동요가 끝나는 동안 자기가 정한 글자가 앞으로 나오게 뒤집는 놀이이다. 동요가 끝났을 때 자기가 정한 글자의 장수가 많은 아이가 이기는 게임이다.

승부욕이 강한 아이들이라면 두 아이가 한 편이 되고 엄마나 아빠가 상대 팀을 해도 된다. 부모가 아슬아슬하게 져준다면 아이들이 즐거워하며 계속하자고 할 것이다.

🌲 곤충의 종류를 알려주는 곤충 잡기 놀이

집안 여기저기에 곤충 글자들을 붙여놓고 일정한 시간 안에 누가 더 많이 잡아오는지 내기를 하는 놀이이다. 파리채도 좋고 곤충 채집망도 좋다. 해충을 잡을 때는 파리채로 잡고, 일반 곤충은 채집망에 넣어오라고 해보자. 단어를 따로 제시해 준다면 해충과 일반 곤충을 비교할 수도 있게 된다. 상세하게 분류하면 더 많은 종류가 있겠지만, 간단하게 다음과 같이 분류할 수 있다.

Tip. 해충과 일반 곤충 분류하기

✦ **해충** : 이, 빈대, 모기, 나방, 바퀴벌레, 좀, 파리, 깔따구, 집먼지진드기, 벼룩, 먼지다듬이, 화랑곡나방, 쌀바구미, 집게벌레, 말벌, 짚신벌레, 노린재, 개미, 등에 등.

✦ **일반 곤충** : 나비, 벌, 매미, 무당벌레, 하늘소, 사마귀, 메뚜기, 잠자리, 장수풍뎅이, 사슴벌레, 풍뎅이, 귀뚜라미, 꼽등이, 여치, 물자라, 송장벌레, 호박벌, 베짱이, 소금쟁이, 방아깨비 등.

시각에 따라 해충과 익충의 경계가 애매한 곤충도 있다. 메뚜기나 귀뚜라미는 농작물을 갉아먹는 해충이지만, 요즘은 개체수가 많이 줄었고, 또 미래의 대체 식량으로 쓰일 수 있다는 점에서 일반 곤충으로 분류했다.

♣ 주사위 던져서 신체 부위 뽀뽀하기

작은 티슈갑을 이용해서 신체 부위를 적은 주사위를 두 개 만든다. 각자 다른 신체 부위를 적고 그 주사위를 던져서 나오는 신체 부위를 서로 간지럼 태우거나 뽀뽀해 주는 놀이이다. 두 아이의 웃음소리가 끊이지 않는 것은 물론이고, 스킨십을 통해 우애도 돈독해진다.

아이들의 웃음이 끊이지 않는 배방귀 뀌기.

부모와 놀이를 할 때는 좀 더 다양한 스킨십을 시도해도 좋다. 눈이 나오면 왼쪽, 오른쪽 번갈아가며 "어? 눈이 나왔네. 윙크, 윙크, 윙크, 윙크."를 반복해 주고, 코가 나오면 아이 몸 구석구석을 냄새 맡으며 "이번엔 코다! 킁킁! 아이, 좋은 우리 아이 냄새."라고 놀아주자. 귀가 나오면 "귀가 나왔어! 소곤소곤, 귓속말하자. 사랑해."라고 이야기해 주고, 입이 나오면 뽀뽀하며 "쪽!" 소리를 내본다.

손이 나오면 하이파이브를 해도 좋다. 발이 나오면 간질간질 간지럽히고, 배가 나오면 "푸르르르!" 하며 배방귀를 해주자. 아이와 스킨십을 하는 동안 서로 체온을 나눌 수 있고 사랑도 깊어진다. 우리 둘째아이가 정말 좋아했던 놀이이다.

♣ 의성어와 의태어를 익힐 때는 글자 젠가놀이

젠가놀이를 할 때 미리 나무 블록에 다양한 의성어와 의태어를 적어놓는다. 젠가를 빼서 글자를 읽으면 나무 블록을 가져가고, 읽지 못했을 때는 다시 위에 쌓아올리는 놀이이다. 젠가가 넘어졌을 때를 기준으로 많이 가져간 아이가 승리한다. 일반 단어들을 노출해도 좋지만, 의성어나 의태어에 크게 관심을 보이지 않는 아이들과 한다면 거부감 없이 의성어와 의태어를 익히며 즐길 것이다.

♣ 몸에 신체 부위 적어주기

아이의 신체 부위에 수성펜으로 이름을 써주는 놀이이다. 아이들이 서로에게 등, 어깨, 엉덩이, 옆구리, 팔꿈치, 뒷목 등에 적힌 글자를 보여줄 수 있다. 무척 간단하지만, 아이들의 행복한 웃음소리가 끊이지 않는 놀이이다. 아이들이 해당 단어에 익숙해지면

몸에 글자를 적어주는 것만으로도 아이들은 웃음을 터뜨린다..

발등, 발바닥, 손등, 손바닥, 종아리, 정강이, 허벅지 등 좀 더 자세하게 신체 부위를 분류해 준다.

♣ 단어카드 멀리 뱉기 놀이

카드 프로텍터에 넣은 통문자를 입에 물고 쭉 빨았다가 훅 불어서 누가 멀리 뱉는지 겨루는 놀이이다. 별거 아니지만 이 놀이를 할 때면 두 아이 모두 배꼽 빠지게 웃었다. 각자 입에 문 단어를 읽어주고, 가장 멀리 간 단어와 그렇지 못한 단어를 읽어주면서 자연스럽게 한글을 노출해 줄 수 있다.

♣ 글자 따먹기 놀이

행거나 줄에 글자를 빨래집게로 연결해 놓고, 엄마가 부르는 글자를 입으로 따오는 놀이이다. 조금 큰 아이들에게는 뒷짐을 지고 쿠션을 다리에 낀 채 두 발로 뛰어가서 반드시 입으로 따와야 한다는 규칙을 정하면 더욱 재미있게 놀이를 진행할 수 있다.

글자 따먹기 놀이.

사이 좋은 형제자매를 키우기 위한 육아팁

아이가 하나였다가 둘이 되고 나면 두 배로 힘든 것이 아니라 네 배로 힘들어진다. 하나였을 때는 그저 해달라는 대로 해주면 되지만, 둘 이상이 되고 나면 두 아이 사이에서 균형 잡기가 너무나 힘들다. 특히 두 아이의 욕구가 상충되면 엄마의 입장은 더욱 곤란해진다.

대부분의 경우, 첫째아이가 크고 말귀도 알아들으니까, 아니면 둘째아이는 아직 어리고 모르니까라는 식으로 한 아이에게 양보를 요구한다. 하지만 이때 알아야 할 것은 한 아이가 양보하는 것이 당연하다고 생각해서는 안 된다는 것이다. 당연한 것은 없다. 한 아이가 양보하는 것은 절대 당연하지 않다. 매우 감사한 일이다.

우리 아이들은 서로 싸우기도 하고 투닥거리기도 하지만 비교적 사이좋은 남매다. 그렇게 될 수 있었던 비결을 소개하려고 한다.

첫째, 아이가 동생을 받아들일 준비를 할 수 있게 해준다

첫째아이와 함께 병원에서 초음파 사진도 보고, 동생 관련 책도 보면서 아이에게 동생이 생겼다는 사실을 인지시켜 준다. 매번 병원에 갈 때마다 동생이 엄마 뱃속에서 얼마만큼 자랐는지 직접 눈으로 확인도 하고, 엄마와 함께 태담도 하고, 태동이 있을 때 엄마

배가 꿈틀대는 것을 보여주며 엄마 뱃속에 소중한 생명이 자라고 있음을 알려주는 것이 좋다.

둘째, 동생이 있을 때 좋은 점과 나쁜 점을 솔직하게 이야기해 준다

동생 관련 책.

동생 관련 영어책.

동생이 태어나기 전에 동생이 생기면 좋은 점들을 실컷 이야기해 주었는데, 막상 동생이 태어나니 싫은 일들만 생긴다면 아이가 동생을 미워할 수도 있다. 그러므로 솔직하게 이야기해 주는 것이 좋다. "동생이 태어나면 둘이 함께 할 수 있는 재미있는 놀이들이 많을 거야. 그런데 동생은 아기라서 많이 챙겨줘야 하잖아. 그래서 엄마 아빠가 동생을 더 사랑한다고 느낄 수도 있어. 그렇지만 엄마 아빠는 너도 동생도 특별하게 사랑한다는 걸 알아주면 좋겠어."라고 자주 말해 주어야 한다.

셋째, 임신 기간 동안 아이를 많이 안아주고 사랑해 준다

둘째아이가 태어나면 첫째아이를 안아줄 시간이 현저히 줄어든다. 스스로 할 수 있는 것이 거의 없는 아기이므로 엄마 아빠의 손길이 절대적으로 필요하기 때문이다. 그러면 상대적으로 첫째 아이가 우선순위에서 밀릴 수밖에 없다. 그럴 때 엄마 아빠의 사랑을 독차지했던 추억의 힘으로 잘 적응할 수 있게 도와주어야 한다. 출산이 다가올수록 엄마 몸이 힘들겠지만, 첫째아이를 더 많이 사랑해 주고 안아주는 것이 좋다.

넷째, 동생이 태어나면 보살펴주어야 하는 존재임을 알려준다
첫째아이의 영아기, 유아기 시절의 사진을 보여주면서 그때 엄마와 아빠로부터 어떤 보살핌을 받았는지 이야기해 주자. 아이가 처음 태어나면 스스로 목을 가눌 수도 없을 만큼 작고 가냘픈 존재임을 인식시키고 많은 보살핌이 필요하다는 것을 알려준다.

다섯째, 산후조리 때 안정을 느낄 만한 사람에게 아이를 맡긴다
내가 산후조리를 하는 동안 첫째아이는 할머니 할아버지와 함께 있었는데, 신기할 만큼 잘 지냈다. 첫째아이에게는 그 전부터 동생이 태어날 때 엄마와 아빠는 병원에 가야 하므로, 할머니 할아버지와 집에서 함께 있을 거라는 말을 해주었다. 아이에게 미리 이야기함으로써 마음의 준비를 시켜주려는 의도였다. 할머니 할아버지와 각별한 애착관계가 형성되어 있어서 그런지 아이도 엄마 아빠 없이 잘 지냈다.

사정상 아이를 전문가 손에 맡겨야 한다면 아이에게 미리 양해를 구하고 둘째아이가 태어난 이후의 상황을 자세히 설명해 주어야 한다. 사전에 아무 말 없다가 동생이 태어난 이후 첫째아이의 환경이 갑자기 바뀐다면 아이는 혼란스럽고 두려울 것이다. 아무리 어리더라도 아이에게 꼭 설명해 주자. 아이는 엄마의 표정과 목소리 톤, 몸짓 등으로 많은 것을 느낀다.

여섯째, 동생이 태어난 기념으로 첫째아이에게 축하 선물을 준다
가까운 지인에게 출산 선물을 준비할 때 사소한 거라도 좋으니 첫째아이 선물도 부탁해 보자. 모두 아기에게만 관심을 갖는 데다가, 선물까지 동생만 잔뜩 받는다면 첫째아이는 동생이 태어난 첫날부터 기분을 망치게 된다. 아주 작은 선물이라도 좋으니 오빠가(형이, 누나가, 언니가) 된 걸 축하해 주자. 첫째아이에게도 동생이 태어난 날이 축하받고 행복한 날임을 기억하게 해주자.

일곱째, 출산 직후에는 엄마의 몸조리가 가장 중요하다
산후조리 이후에 엄마 혼자서 두 아이를 오롯이 책임지려면 체력이 회복되어야 한다. 최소 6주간은 푹 쉬면서 체력을 보충해 주자. 초반부터 무리하면 뒷심을 발휘할 수 없다.
나는 시어머니께서 한 달, 산후도우미 서비스를 2주 받았다. 그 기간 동안 아기 모유 수유할 때와 첫째아이와 낮에 잠깐 노는 시간을 제외하고는 오롯이 휴식에 전념했다. 시부모님이 첫째와 워낙 잘 놀아주어서 가능했던 일이다. 6주가 지나니 몸이 많이 회복되었고, 지금은 그 힘으로 열심히 두 아이를 육아하고 있다.

여덟째, 첫째아이의 퇴행은 받아주고, 감정에 공감해 준다

대부분의 아이들이 동생이 태어나면 퇴행 현상을 보인다. 그럴 때는 아이의 감정은 받아주되 행동에 대해서는 확실한 선을 그어주어야 한다. 동생의 기본적인 욕구들은 빠르게 충족시켜 주어야 함을 인지시키는 것이 중요하다. 동생을 때리거나 밀치는 것은 절대 안 된다는 사실도 알려주자.

반면, 말로 동생에 대한 불편한 감정을 표현하는 것은 받아주어야 한다. 아이의 감정이 격해진 상태에서는 우선적으로 첫째아이와 둘째아이를 분리하고 첫째아이의 감정을 공감해 주며 진정되기를 기다리자. 그 상황이 지나고 아이가 안정된 상태에서 타인을 때리는 행동은 하지 말아야 함을 알려주어야 한다.

아홉째, 각자의 소유권을 확실하게 인정해 준다

두 아이의 욕구 충족 중 가장 빈번한 다툼은 소유 분쟁이다. 그것이 엄마의 사랑일 수도 있고 물건일 수도 있다. 엄마의 사랑은 각자 고유하게 사랑하고 있음을 충분히 알게 해주면 둘 사이의 다툼이 줄어든다. 두 아이에게 똑같은 사랑을 주기보다는 아이가 원하는 사랑을 주어야 한다.

물건에 대한 소유권은 각자의 소유권을 확실하게 인정해 줄 때 불만이 없다. 나의 경우, 이 부분을 딱 잘라 지키는 게 너무나 힘들었다. 내가 막내였던 탓에 어린 시절 내 물건을 가져본 적이 없다 보니, 자꾸 둘째아이의 입장이 투사되어 첫째아이가 양보해 주었으면 하는 마음이 은근슬쩍 나왔다. 첫째아이와 둘째아이를 대하는 잣대가 다르면 한쪽은 억울하다는 감정을 느낄 수밖에 없다.

그 사실을 알기에 소유권에 대한 경계를 그어주려 노력했는데, 둘째아이의 '다 내거야' 시기가 오자 정말 힘들었다. 둘째아이가 너무 많이 울자, 첫째아이는 자신의 물건을 둘째아이에게 주고 대체할 것을 마련하거나, 둘째아이가 관심이 빨리 떨어지는 걸 감안해서 먼저 가지고 놀라고 배려하는 모습을 많이 보여주었다. 가끔 정말 가지고 놀고 싶은 것은 부딪쳤지만, 기본적으로 욕구가 충돌했을 때 다 같이 행복해질 방법을 찾았다. 아이 또한 하나의 인격체로 존중하고 매사에 의견을 묻고 함께 조율하는 과정을 거쳤더니 아이들 모두 함께 나눌 수 있을 정도로 성장했다.

열째, 각각의 아이와 단둘이 있는 시간을 마련한다

둘째아이가 젖먹이라면 젖 주는 시간을 이용해서 첫째아이와 함께 놀아주자. 오목, 바둑, 장기, 주사위게임, 그림 그리기, 색칠놀이, 책 읽기, 카드놀이, 보드게임, 옛날이야기 들려주기, 가벼운

공 주고받기, 유아용 자동차 안에 물건을 싣는 배달놀이, 시장놀이, 소방관놀이, 외국 가서 관광 상품 사오기, 하물며 다 먹은 쭈쭈바 껍질 멀리 뱉기 놀이만으로도 아이와 즐겁게 놀 수 있다.

둘째아이가 낮잠 자는 시간에는 더욱 자유롭게 첫째아이와 밀도 있는 시간을 보낼 수 있다. 두 돌 전까지 이 시간이 참 소중했는데, 둘째아이가 두 돌이 지나면서부터 낮잠을 자지 않았다. 첫째아이는 유치원 등원 때문에 둘째아이보다 일찍 일어나고 일찍 잤다. 반면 둘째아이는 첫째아이보다 늦게 일어나고 늦게 잤다. 그러다 보니 첫째아이와 단 둘이 있는 시간이 턱없이 부족했다.

첫째아이가 유치원에서 돌아오면 원하는 놀이를 하나라도 해주었지만, 둘째아이가 중간중간 끼어들었기 때문에 예전처럼 엄마가 오롯이 자기만 봐준다는 느낌이 부족했을 것이다. 그렇게 6개월쯤 지나니, 첫째아이가 힘들어하는 것이 보였다. 그래서 둘째아이가 잠들어 있는 유치원 등원 전 시간이나 남편에게 양해를 구해 첫째아이하고만 있는 시간을 만들려고 노력하고 있다.

아이들은 오롯이 놀이에 집중한 시간이 20분은 되어야 놀았다는 인식을 한다고 한다. 맞벌이를 하느라 실제적으로 아이와 함께할 시간이 없다면 단 20분만이라도 아이에게 집중해서 놀아주자.

아이와 함께 지내는 시간이 부족하다고 생각하면, 그 시간에 책을 읽어주거나, 학습에 관련된 무엇인가를 해주어야 된다고 생각할 수 있는데, 그것보다는 하루에 단 한 번이라도 깔깔깔 웃을 수 있는 시간을 만드는 것이 중요하다.

내가 아이를 키우며 가장 중요하게 생각했던 것이 하루 한 번 생활놀이였다. 남편과 그날 아이를 누가 먼저 웃기는지 내기를 했을 정도로 아이가 까르르 웃을 만한 놀이를 해주려고 노력했다.

열한째, 아이와 한 약속은 반드시 지킨다

아이와 한 약속은 반드시 지키려고 노력했다. 만약 둘째아이가 자고 나서 첫째아이와 놀아주기로 했다면 피치 못할 사정이 없는 이상 놀아주어야 한다. 그래야만 아이가 부모에 대한 신뢰를 잃지 않는다. 부모가 약속을 지킬 거란 믿음이 있으면 아이는 떼쓰지 않고 기다린다.

시간 개념이 있는 아이라면 시간을 정해 주는 것도 좋은 방법이다. 무작정 기다리는 것보다 끝이 있기 때문에 좀 더 마음 편하게 기다릴 수 있다. 하지만 우리 첫째아이처럼 1분 1초 단위를 중요하게 생각하는 아이에게는 이 방법을 추천하지 않는다. 20분 뒤라고 말했는데, "10분, 5분, 2분, 1분, 5, 4, 3, 2, 1, 땡! 이제 시간 됐으니까 놀아줘." 하는 아이라면 그때 상황이 여의치 않을 경우 아주 곤란한 상황이 펼쳐지기 때문이다. 그럴 때는 차라리 동생이 잠든 뒤라든지, 동생이 울음을 그친 뒤라든지 행위가 끝나는 시점을 약속으로 정하는 것이 좋다.

열두째, 지치고 힘들 때는 엄마도 쉬어야 한다

두 아이를 보는 것이 지치고 힘들다면 TV나 동영상을 틀어주고서라도 쉬어야 한다. 억지로 참고 두 아이를 돌보다 보면 전혀 엉뚱한 곳에서 터져나오게 마련이다. 두 아이에게 솔직하게 양해를 구하고 잠깐이라도 눈을 붙여보자. 물론 도중에 엄마 눈을 찌르는 둘째아이, 엄마 몸을 밟고 지나가는 첫째아이 덕에 제대로 쉬지는 못하겠지만, 잠깐이라도 쉬고 나면 정신적으로도 육체적으로도 가뿐해짐을 느낄 수 있다. 그렇게 쉬고 나서는 아이들에게 쉴 수 있는 시간을 줘서 고맙다고 말하고, 그 힘으로 남은 시간을 아이들과 잘 보내면 된다.

쉽게 따라 할 수 있는 실전 한글놀이

의성어와 의태어, 동사와 형용사 놀이

통문자를 진행할 때 명사만 노출해 주기보다는 의성어, 의태어나 동사와 형용사, 부사들도 자연스럽게 노출해 주자. 명확하게 구분지어서 노출할 경우 낱글자나 문장 읽기 등의 단계를 낯설어하며 거부할 수도 있기 때문이다.

🌲 의성어, 의태어 연결하기

사진 이미지나 단어카드를 보고 소리나 상태의 모방을 나타내는 단어를 연결시키는 놀이이다.

오리 - 꽥꽥 / 고양이 - 야옹야옹 / 강아지 - 멍멍멍 / 돼지 - 꿀꿀 / 말 - 히이잉 / 닭 - 꼬끼오 / 코끼리 - 뿌우우 / 호랑이 - 으르렁 / 원숭이 -

아이가 의성어, 의태어 스티커를 붙이고 있다.

우끼끼 / 참새 - 짹짹 / 개구리 - 개굴개굴 / 천둥 - 우르릉 쾅 / 기차 - 칙칙폭폭 / 자전거 - 따르릉 / 자동차 - 부릉부릉 / 우는 얼굴 - 흑흑, 엉엉 / 시계 - 째깍째깍

펭귄 - 뒤뚱뒤뚱 / 물고기 - 뻐끔뻐끔 / 거북 - 엉금엉금 / 토끼 - 깡충깡충 / 비둘기 - 훨훨 / 나무늘보 - 느릿느릿 / 별 - 반짝반짝 / 팽이 - 빙글빙글 / 공 - 떼굴떼굴 / 오뚝이 - 흔들흔들 / 번개 - 번쩍번쩍 / 걷는 아기 - 아장아장 / 웃는 얼굴 - 방긋방긋(빙그레, 생글생글, 히죽, 해쭉, 싱긋) / 메뚜기 - 폴짝폴짝 / 나비 - 팔랑팔랑 / 비누 - 미끌미끌

의성어, 의태어 카드를 쉽게 구입할 수 있으므로 활용해도 좋다. 나는 기존에 사용하던 동물 브로마이드 위에 포스트잇을 붙이거나, 사물 인지 카드의 이미지 부분과 글자카드를 연결시키는 놀이를 해주었다.

♣ 의성어, 의태어 동시 읽어주기

애플비에서 나온 《말문이 탁 트이는 의성어 동시》, 《말문이 탁

의태어 동시.

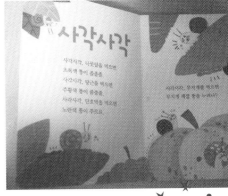

의성어 동시.

트이는 의태어 동시》라는 책이 있다. 의성어, 의태어를 중심으로 동시를 지은 책이어서 다양한 어휘를 노출시켜 주기에 좋은 책들이다. 의성어나 의태어가 동시의 제목이기 때문에 제목만 손가락으로 짚어주어도 간단하게 한글 노출이 가능하다. 아이 수준에 맞게 선택하여 노출해 주자.

악기 소리를 듣고 단어를 찾는 놀이나, 동물 소리를 듣고 동물 이름을 알아맞히는 놀이도 의성어, 의태어 놀이로 응용할 수 있다.

🏃 동사, 형용사 놀이

사진에 맞는 상황이나 행동, 감정 등을 나타내는 동사와 형용사를 노출해 준다. 사진에 글자를 적거나, 스케치북에 사진을 붙이고 밑에 내용을 적어도 좋다.

🌲 동사, 형용사 익히기

동사, 형용사라고 해서 그 단어만 노출해 줄 필요는 없다. '빨간 모자', '깨끗이 씻다', '머리카락이 짧다(길다)', '꽃을 따다'처럼 '형용사 + 명사', '부사 + 동사', '명사 + 조사 + 형용사(동사)' 등 짧은 문장도 노출해 주자. 미리미리 노출해 주면 나중에 문장 읽기 단계에서 거부감 없이 진행할 수 있다.

Tip. 동사, 형용사 분류

✚ 행동을 나타내는 동사 : 웃다, 울다, 자다, 걷다, 뛰다, 앉다, 읽다, 그리다, 쓰다, 서다, 기다, 놀다, 늙다, 보다, 먹다, 타다, 수영하다, 헤엄치다, 올라가다, 미끄러지다, 내려오다, 안아주다, 사랑하다, 목욕하다, 운전하다, 만들다, 메다, 묶다, 넣다, 연주하다, 치다, 들다, 신다, 입다, 씻다, 따다, 찾다, 찍다, 찢다, 마시다, 가리키다, 잡다, 줍다, 쥐다, 주다, 받다, 치다, 듣다, 뽀뽀하다, 맞추다, 쏘다, 꺾다, 엎드리다 등.

✚ 상태나 성질을 나타내는 형용사 : 춥다, 덥다, 더럽다, 깨끗하다, 어지럽다, 젊다, 어리다, 예쁘다, 귀엽다, 깜찍하다, 징그럽다, 좋다, 싫다, 크다, 작다, 빨갛다(색깔), 아름답다, 길다, 짧다 등.

✚ 감정을 나타내는 형용사 : 기쁘다, 슬프다, 겁나다, 즐겁다, 행복하다, 신나다, 놀라다, 만족스럽다, 편안하다, 반갑다, 서럽다, 화나다, 짜증나다, 떨리다 등.

♠ 감정에 이름 붙여주기

아이들은 태어나서 처음 만나는 부모를 통해 자신이 누구인지, 사랑받는 존재인지를 알아간다. 또한 감정적이고 힘든 상황에서는 어떻게 대처해야 하는지도 배운다. 문제 상황이 발생했을 때 아이의 반응은 대개 부모와의 상호작용을 통해서 나타나는 것처럼 말이다.

아이가 느끼는 감정에 대해 부모가 정확한 단어를 이야기해 주지 않거나, 아이의 불편한 감정을 그대로 받아주지 못하면 아이는 자신이 부모로부터 이해받지 못한다고 느껴서 더욱 과장되게 자신의 불편한 마음을 알리게 된다. 소리를 지르거나, 자지러지게 울거나, 떼를 쓰며 바닥에 드러눕기도 한다.

불편한 감정을 모두 "속상하겠네.", "화났겠네."라는 몇 가지 감정으로만 표현한다면 아이는 부모로부터 완벽하게 이해받지 못했다고 느낀다. 다양한 문제 상황에서 부모가 아이의 감정에 들어맞는 단어를 말했을 때 아이의 감정은 급격히 안정된다.

왜 답답하고 짜증나는지조차 알지 못해서 하루 종일 기분이 나빠 있다가, '아, 내가 이러이러한 일 때문에 무시받는 기분이 들어서 화가 났구나.'라는 것을 깨닫는 순간, 다시 말해 감정의 주파수가 딱 들어맞는 그 순간, 화가 누그러지는 경험을 한번쯤은 해보았을 것이다.

그런데 부모인 우리도 자신의 감정을 알아차리기 힘들 때가 있다. 따라서 부모부터 자신을 진정으로 이해하려 노력하고, 무엇을 싫어하고 좋아하는지 알아차리는 게 우선이다.

부모가 자신의 감정을 정확히 모르고, 알더라도 그 감정을 아이에게 감춘다면 아이는 불편한 감정은 겉으로 드러내서는 안 된다고 무의식적으로 배우게 된다. 기쁘고 즐거운 긍정적인 감정만이 표현해야 하는 감정이라고 알게 모르게 습득하는 것이다.

하루 종일 밖에서 놀고도 집에 들어가기 싫다는 아이를 보며, 말로는 "괜찮아, 더 놀아."라고 하지만, 속으로는 '아, 진짜 해도 해도 너무하네. 진짜 끝이 없네.'라고 생각하며, 화난 표정으로 아이를 바라본다면 아이에게 이중 메시지를 주는 것이다. 그러면 아이는 엄마의 진짜 감정을 알아차리기 위해 자꾸 눈치를 보고 불안해진다. 차라리 그럴 때는 솔직하게 "엄마는 배도 고프고 다리도 아파서 힘들어. 집에 가서 밥도 먹고 쉬고 싶어. 우리 10분만 더 놀고 집에 가자."라고 이야기하자. 엄마의 솔직한 태도에서 아이와 부모 사이의 진정한 신뢰와 유대감, 친밀감을 쌓아갈 수 있다.

또한 아이가 격한 감정에 휘말려 잘못된 행동을 했을 때는, 아이의 감정은 수용해 주되, 행동은 단호하게 바로잡아 주어야 한다. 이처럼 일반적으로 말하는 부정적인 감정도 있는 그대로 인정해 주고 유연하게 대처할 수 있게 도와준다면 아이는 스스로를 사랑하는 자존감 높은 사람으로 자랄 것이다.

아이가 자신의 감정을 정확하게 파악할 수 있으려면 아이의 감정에 이름을 붙여주어야 하므로 감정을 나타내는 말을 정리해 보았다.

Tip. 감정을 나타내는 말

✚ **긍정적인 감정을 나타내는 말** : 기쁘다, 흐뭇하다, 편안하다, 평화롭다, 즐겁다, 상쾌하다, 행복하다, 흡족하다, 뿌듯하다, 황홀하다, 훈훈하다, 가슴 벅차다, 따뜻하다, 유쾌하다, 정겹다, 감격스럽다, 감동하다, 안심되다, 통쾌하다, 뭉클하다, 자랑스럽다, 후련하다, 찡하다, 설레다, 감미롭다, 짜릿하다, 포근하다, 푸근하다, 아늑하다, 만족하다, 반갑다, 신난다, 산뜻하다, 상큼하다, 감사하다, 든든하다, 충만하다, 평온하다, 홀가분하다, 흥미롭다, 희망차다, 감탄하다, 고맙다, 기대되다, 멋지다, 명랑하다, 의기양양하다, 자신만만하다, 들뜨다, 놀랍다, 사랑하다, 안도하다, 열광하다, 열렬하다, 열중하다, 영광스럽다, 찬란하다, 환희에 차다, 흔쾌하다, 개운하다, 느긋하다, 담담하다, 긴장이 풀리다, 차분하다, 가볍다, 누그러지다, 고요하다, 여유롭다, 진정되다, 잠잠해지다, 매혹되다, 재미있다, 끌리다, 흥분되다, 두근거리다 등.

✚ **부정적인 감정을 나타내는 말** : 미심쩍다, 쓸쓸하다, 애처롭다, 외롭다, 고독하다, 허전하다, 우울하다, 우려하다, 울적하다, 슬프다, 불행하다, 서럽다, 비참하다, 불쌍하다, 측은하다, 처참하다, 비탄스럽다, 암담하다, 절망하다, 침통하다, 안쓰럽다, 처량하다, 비관하다, 혼란스럽다, 괴롭다, 걱

정되다, 근심하다, 버겁다, 착잡하다, 당황하다, 불쾌하다, 불편하다, 심란하다, 속상하다, 애잔하다, 염려스럽다, 답답하다, 서글프다, 가슴아프다, 야속하다, 애석하다, 안타깝다, 애절하다, 부담스럽다, 허무하다, 공허하다, 참담하다, 허탈하다, 힘들다, 분하다, 억울하다, 미안하다, 후회하다, 갑갑하다, 냉담하다, 냉정하다, 고통스럽다, 노하다, 곤란하다, 골치아프다, 뒤숭숭하다, 안절부절못하다, 불만족스럽다, 언짢다, 좌절하다, 주저하다, 지겹다, 시샘하다, 신경쓰이다, 혐오하다, 정떨어지다, 화나다, 약오르다, 울화가 치밀다, 격노하다, 분개하다, 치밀어오르다, 두렵다, 무섭다, 불안하다, 겁나다, 긴장하다, 초조하다, 흥분하다, 주눅들다, 떨리다, 무시무시하다, 섬찟하다, 섬뜩하다, 오싹하다, 놀라다, 절망적이다, 부끄럽다, 조바심나다, 처절하다, 증오하다, 신경질나다, 원망하다, 쓰라리다, 경멸하다, 북받치다, 분통터지다, 짜증나다, 심술나다, 공포스럽다, 얄밉다, 창피하다, 지루하다, 상심하다, 지치다, 섭섭하다, 질리다, 성가시다, 의기소침하다, 의심하다, 밉다, 충격적이다, 전전긍긍하다, 조마조마하다, 침울하다, 꿀꿀하다, 시무룩하다, 피곤하다, 피로하다, 실망하다, 힘겹다, 낙담하다, 까마득하다, 막막하다, 간담이 서늘하다, 진땀나다, 거북하다, 겸연쩍다, 곤혹스럽다, 떨떠름하다, 난처하다, 멋쩍다, 쑥스럽다, 서먹하다, 숨막히다, 어색하다, 찝찝하다, 가슴이 찢어지다, 구슬프다, 그립다, 눈물겹다, 쓰라리다, 애끓다, 한스럽다, 마음이 아프다, 처연하다, 서운하다, 김빠지다, 김새다, 적적하다, 허하다, 무력하다, 무기력하다, 고단하다, 노곤하다, 따분하다, 맥빠지다, 맥 풀리다, 지긋지긋하다, 귀찮다, 무감각하다, 무료하다, 멍하다, 민망하다, 당혹스럽다, 무안하다 등.

감정을 나타내는 표현들을 인쇄해서 잘 보이는 곳에 붙여 두고, 아이의 감정이 격해 있을 때, 상황에 딱 맞는 단어를 골라서 공감해 주자. 엄마가 세심하게 감정을 인정해 준다면 아이는 금방 자신의 감정을 추스릴 것이다. 다만 처음 공감 대화를 시도한다고 해서 하루아침에 드라마틱한 결과를 바라서는 안 된다. 오히려 처음 감정을 읽어주기 시작하면, 더 길게 자신의 슬픔을 토해낼 것이다. 그 이전의 찌꺼기 감정까지 아이가 해소할 수 있도록 도와주어야 한다.

쉽게 따라 할 수 있는 실전 한글놀이

낱글자를 익히며 한글 뚝딱 떼기

한글을 진행하다 보면 의외의 복병이 나타나는데, 그것이 바로 낱글자다. 아이들은 글자도 이미지로 그대로 찍어서 익히기 때문에 '사장'과 '장사'가 같은 글자들로 이루어졌다는 것을 인지하지 못한다. 통문자만으로 한글을 떼기도 하지만, 낱글자 개념을 익히면 한글떼기에 제대로 속도가 붙는다. 낱글자 개념을 알면 '사'와 '장'이라는 글자는 모조리 읽을 수 있기 때문에 처음 보는 단어들도 응용하여 읽을 수 있다는 점에서 효율적이다.

첫째아이는 낱글자 개념을 혼자 익혔다. 세계지도와 우리나라 지도에서 알려주지 않았던 중국과 미국을 읽는 것을 보고 낱글자를 확실히 알고 있다는 것을 느꼈다. 그래서 첫째아이 때는 낱글자 놀이를 거의 해주지 않았다. 반면, 둘째아이는 문자를 통째로 익혀서 낱글자 놀이로 개념을 잡아주었다.

보통 통문자를 200~300개 정도 하고 나서 낱글자로 넘어간다. 하지만 꼭 이에 맞출 필요는 없고, 아이의 상황에 맞게 낱글자를 노출해 주면 된다. 낱글자는 의미가 있는 통문자와는 달리 의미가 없는 글자들이 대부분이기 때문에 아이들이 흥미를 느끼지 못할 수도 있다. 그럴 때는 통문자를 좀 더 진행하면서 그 단어들 속에서 낱글자 개념을 알려줄 수 있는 놀이를 해준다.

♣ 하나의 음가로 된 통문자 알려주기

낱글자 진행 전에 통문자 단계에서 하나의 음으로 이루어진 단어를 많이 노출해 줌으로써 낱글자에 대한 이해를 도울 수 있다. 의외로 우리 주변에는 한 음절 단어가 많다. 한 음절로 된 단어는 다음과 같다.

Tip. 한 음절 단어

✚ 길, 차, 표, 역, 책, 글, 자, 공, 펜, 풀, 북, 붓, 먹, 윷, 빗, 체, 랩, 벨, 초, 티, 멋, 요, 눈, 코, 입, 귀, 손, 발, 목, 등, 볼, 뺨, 낯, 턱, 멱, 키, 혀, 혹, 살, 뇌, 간, 폐, 뼈, 이, 균, 몸, 점, 해, 달, 별, 비, 강, 닻, 산, 숲, 잎, 늪, 논, 섬, 들, 땅, 흙, 촌, 돌, 꽃, 낮, 뭍, 볕, 밭, 빛, 소, 곰, 새, 개, 양, 용, 쥐, 뱀, 말, 닭, 학, 꿩, 삵, 벌, 게, 돔, 김, 밥, 찬, 죽, 국, 탕, 전, 면, 밀, 빵, 떡, 굴, 귤, 꿀, 엿, 잼, 파, 깨, 쑥, 싹, 콩, 팥, 감, 마, 칡, 옻, 톳, 회, 햄, 밤, 박, 배, 무, 묵, 쌈, 알, 찜, 잣, 젓,

---

젖, 액, 벼, 볏, 겨, 뽕, 짚, 씨, 맛, 약, 독, 물, 불, 술, 숯, 솥, 땀, 침, 털, 똥, 피,
혈, 때, 창, 총, 검, 칼, 활, 포, 삽, 끌, 톱, 덫, 집, 담, 문, 방, 반, 벽, 컵, 잔, 솜,
금, 은, 철, 쇠, 녹, 납, 못, 낫, 삽, 종, 돈, 팁, 춤, 징, 쇼, 잠, 뿔, 앞, 뒤, 옆, 위,
밑, 겉, 밖, 좌, 우, 화, 꾀, 겁, 흥, 떼, 띠, 깃, 각, 도, 레, 미, 파, 솔, 라, 시, 영,
일, 이, 삼, 사, 오, 육, 칠, 팔, 구, 십, 둘, 셋, 넷, 열, 월, 화, 수, 목, 금, 토, 일,
동, 서, 남, 북, 진, 선, 갑, 을, 병, 정, 곽, 끈, 끝, 딸, 형, 뜻, 날, 법, 복, 봄, 속,
칩, 합, 중, 값, 삯, 몫, 빚, 갓, 곡, 과, 광, 굿, 궁, 군, 굽, 급, 기, 끼, 깔, 깡, 꼴,
꽝, 땡, 나, 너, 널, 땜, 망, 매, 명, 뺨, 쌍, 실, 줄, 삶, 암, 업, 죄, 왜, 옷, 신, 왕,
원, 좀, 질, 짐, 짝, 짬, 천, 채, 첩, 탈, 탑, 탓, 태, 통, 틀, 틈, 판, 편, 폭, 폼, 품,
핀, 합, 혼, 화, 효, 흉, 흠, 희, 함, 향, 힘, 장, 윤, 연, 심, 샘, 색, 성, 난, 둑, 덕,
베 등.

똑같은 음이 2음절 이상 모인 단어들을 노출해 주는 것도 좋은
방법이다.

♣ 가가갓자로 시작하는 말?

스케치북에 '나나낫자로 시작하는 말 나방, 나비, 나무, 나사,

나침반, 나팔꽃'처럼 같은 음으로 시작하는 글자를 적어서 수시로 불러준다. 중복되는 어휘만 색깔을 다르게 하여 적어주자. '가'에서 '하'까지 적어서 넘겨가며 불러주어도 되고, 산책하면서 자연스럽게 불러도 된다. 우리 아이는 어느 순간 "가가가."라고 불러주면, 또 "나나나."라고 말했다.

처음에는 가나다순으로 했는데, 시간이 지나자 "나팔꽃." 하면 아이가 "꽃꽃꽃."이라고 맞받아쳤다. 그럴 때는 거기에 맞춰서 "방울꽃, 초롱꽃, 호박꽃, 매발톱꽃, 애기골무꽃." 이런 식으로 불러주었다. 그러면 아이가 다시 "애애애." 하면 그에 맞게 불러주면 된다. 하다 보면 '닥', '철'과 같은 음가 때문에 막히기도 했다. 이런 것들만 따로 모아서 스케치북 하나 정도 더 만들어주었다.

이미 인지하고 있는 단어와 모르는 단어의 비율을 비슷하게 하는 것을 추천한다. 만약 처음 보는 단어라면 사물을 먼저 알려주거나 보충설명이 필요하다. 통문자는 은근히 중복되는 음가들이 많

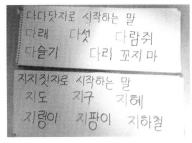

가가갓자로 시작하는 말놀이.

블록으로 앞뒤 같은 단어 익히기.

226

으므로 최대한 노출되지 않은 음가가 있는 단어를 선택하는 것도 요령이다. 단어를 찾기 어려우면 국어사전의 도움을 받으면 된다.

♣ 앞뒤로 읽어도 똑같은 단어 노출하기

앞뒤로 읽을 때 음이 똑같은 단어를 노출하는 것도 낱글자 개념을 익히는 데 도움이 된다.

손가락으로 하나하나 음을 짚어가면서 "앞으로 읽어도 토마토, 뒤로 해도 토마토, 토마토, 토마토." 이렇게 리듬감 있게 읽어주었더니, 아이들이 무척 좋아했다.

이런 단어들을 블록에 한 음절씩 적은 다음 앞뒤를 바꿔 끼워가며 연결해서 보여주는 것도 좋은 방법이다. 아이들이 직접 단어를 바꿔 꽂아보면 두 글자가 똑같다는 개념을 더욱 쉽게 익힐 수 있다.

앞뒤로 읽어도 똑같은 글자를 소개하면 다음과 같다.

Tip. 앞뒤로 똑같은 단어

✚ 토마토, 기러기, 스위스, 일요일, 일주일, 장발장, 오디오, 다시다, 마그마, 별똥별, 아시아, 오레오, 이쁜이, 락앤락, 아리아, 기름기, 사진사, 장식장, 이앓이, 인라인, 복불복, 사육사, 인도인, 왕중왕, 기울기, 실험실, 실습실, 수비수, 시흥시, 구로구, 역삼역, 좌향좌, 우향우 등.

말장난을 좋아하는 아이라면 문장으로 노출해 줄 수도 있다.

> **Tip. 앞뒤로 똑같은 문장**
>
> ✚ 다시 합시다, 다시 합창합시다, 여보 안경 안 보여, 아 좋다좋아, 짐 사이에 이삿짐, 다들 잠들다, 다 가져가다, 기특한 특기, 여보게 저기 저게 보여, 다 큰 도라지일지라도 큰다. 야 이 달은 밝은 달이야. 자 빨리 빨리 빨자, 생선 장수 장선생 등.

🌲 책 제목 거꾸로 읽기

책 제목을 읽을 때 손가락으로 짚어주며 한글을 노출해 주고 있었다면, 반대로도 읽어주자. 어리둥절해 하는 아이도 있을 것이고, 눈을 반짝이며 재미있어하는 아이도 있을 것이다. 일단 거부하지 않는다면 시도해 보자.

책 제목뿐 아니라 단어들을 거꾸로 읽어주어도 되는데, 둘째아이는 바리케이드에 적힌 단어를 손가락으로 짚으면서 읽어주는 것을 좋아했다. 첫째아이를 등원시키고 집으로 돌아오기 전 아이스커피를 사먹으러 편의점에 들를 때마다 올 때는 순서가 '어. 린. 이. 보. 호. 구. 역' 정방향이었지만, 갈 때는 '역. 구. 호. 보. 이. 린. 어' 역방향이었다. 두 아이 모두 이 바리케이드에 반응했다. 글자가 아이 눈높이에 붙어 있는 것이 확실히 좋다는 걸 몸소 느

책 제목을 거꾸로 읽기도 했다.

아이가 오고갈 때마다 어린이보호구역을 정방향과 역방향으로 읽었다.

긴 순간이다. 두 아이 모두 그 글자를 읽으면서 길을 지나가는 것을 좋아했다. '차는 차도로 사람은 인도로', '서두르면 위험한 길, 양보하면 안전한 길' 등이 적힌 글자들을 쭉 읽어주는 것만으로도 한글떼기에 도움이 되었다.

♣ 글자 자르기 놀이

카드에 글자를 적어 가위로 하나씩 자르며 글자가 한 음절씩 구성되어 있다는 것을 보여주고, 다시 그것을 조합하여 글자가 만들어지는 것을 보여주는 방법이다. 아이가 가위를 사용할 수 있다면 직접 자르게 하고, 아이가 아직 어리다면 엄마가 잘라주어도 좋다.

또는 칼로 음식 재료를 자르는 주방놀이 장난감들이 있다. 재료의 각 조각에 한 음절씩 적어 이어 붙인 뒤 장난감 칼로 자르면서 두

글자가 낱개로 이루어져 있음을 인지하게 해준다. 대부분의 아이들이 주방놀이를 좋아하므로 자연스럽게 낱글자 개념을 익힐 수 있는 놀이이다.

🌲 글자 조합하기 놀이

블록에 여러 낱글자들을 적어 그 글자를 조합하여 단어를 만드는 놀이이다. '김', '치', '약', '국', '자', '감'과 같은 낱글자를 조합하여 '국자', '김치', '약국', '감자', '치약'과 같은 글자로 만들 수

블록에 낱글자를 써서 단어를 만든다.

있다. 굳이 블록이 아니더라도 우유팩, 아이스크림 스틱 등을 이용해도 된다.

♣ 합성단어 만들기 놀이

낱글자 놀이에 거부감이 있는 아이가 하기에 좋은 놀이이다. 이미 뜻이 있는 단어 두 개를 합해서 또 다른 단어를 만듦으로써 글자가 모여 단어가 만들어진다는 개념을 알려줄 수 있다.

Tip. 합성단어 만들기
✚ 김밥, 콩밥, 팥밥, 불고기, 물고기, 떡국, 떡라면, 책가방, 돌다리, 고무신, 손발, 동화책, 밤나무, 밤송이, 밤낮, 앞뒤, 물병, 솜이불, 가위바위보, 손수레, 미역국, 방울새, 강산, 집안, 꽃잎, 손수건, 산기슭, 논밭, 봄비, 쇠못, 숯불, 물개, 바다코끼리, 꽃게 등.

♣ 글자 뒤집어 읽기

글자를 180도 뒤집었을 때 다른 글자가 되는 글자를 노출해 준다. '공 – 운, 눈 – 곡, 곰 – 문, 국 – 논' 등과 같이 뜻이 있는 단어도 노출해 주고, 의미 없는 낱글자에 많이 노출된 아이들은 좀 더 긴 글자를 노출해 줄 수도 있다.

첫째아이는 글자를 뒤집는 것에 따라 글자가 달라지는 것을 매

우 신기해했다. 자모음 조합으로 한글을 익히는 아이에게도 좋은
놀이 방법이다.

Tip. 뒤집으면 다른 글자가 되는 글자

✚ 곡녹록목옥 – 눅눅눌눔눙, 곤논론몬온 – 군국굴굼궁, 국눅룩묵욱 – 논녹
놀놈농, 군눈룬문운 – 곤곡골곰공, 골놀롤몰올 – 룩룩룰룸룽, 굴눌룰물울 –
론록롤롬롱, 곰놈롬몸옹 – 문묵물뭄웅, 굼눔룸뭄움 – 몬목몰몸몽, 공놓롱뭉
옹 – 운욱울움웅, 궁눙룽뭉웅 – 온옥올옴옹, 긍능릉믕응 – 은윽을음응

☘ 가나다표 붙이기

아이의 눈높이에 '가'부터 '하'까지 글자를 적어서 붙여놓고 리
듬감 있게 읽어준다. 점차 익숙해지면 거너더표, 고노도표 등도
붙여주며 아이가 관심을 가질 때 읽어주면 된다. 일반적으로 '가

아이가 브로마이드 가나다표 글자를 읽고 있다.

브로마이드 숫자표는 숫자를 알려주기에 유용하다.

나다라마바사아자차카타파하', '거너더러머버서어저처커터퍼허', '고노도로모보소오조초코토포호', '구누두루무부수우주추쿠투푸후', '그느드르므브스으즈츠크트프흐', '기니디리미비시이지치키티피히' 정도만 진행해도 된다.

아야어여오요우유으이는 《말놀이동요집》의 원숭이노래 음으로 불러주었는데, 아이가 재미있어했다. 아이가 원하면 '가갸거겨고교구규그기' 표도 만들어준다.

시중에 나와 있는 가나다표를 활용할 수도 있다. 세로로는 가나다로 읽어줄 때 "가나다라마바사아자차카타파하하하하하하하!" 하고 웃으며 아이를 간지럼 태우면 아이는 깔깔 넘어가며 재미있어할 것이다. '거너더러머버서어저처커터퍼허허허허허허(호탕하게 웃기)', '고노도로모보소오조초코토포호호호호호호(부끄럽게 웃기)', '구누두루무부수우주추쿠투푸후후후후후(비웃듯이 웃기)', '그느드르므브스으즈츠크트프흐흐흐흐흐흐(음흉하게 웃기)', '기니디리미비시이지치키티피히히히히히(귀신 흉내내며 웃기)' 등을 하며 읽어주었는데, 아이가 좋아해서 숨 넘어갈 듯 웃으며 반복했던 놀이이다. 반복하는 만큼 순식간에 한글에 대한 감을 잡을 수 있게 될 것이다.

둘째아이가 특히 이 놀이를 좋아했는데, 갸냐댜, 거녀뎌, 모두 짚으며 읽어달라고 했다. 이후에는 따로 읽어주지 않아도 아이

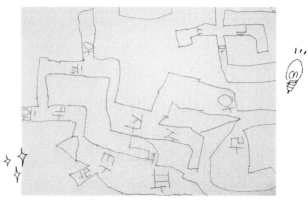

첫째아이가 생각해 낸 글자 미로놀이.

혼자서 글자를 짚어가며 노래 부르고 놀았다. 이 놀이를 하고 났더니 한글에 대한 개념이 확 잡혔다.

다만 읽어줄 때 아이가 처음부터 끝까지 보지 않을 수도 있다. 그럴 때는 아이를 상관하지 말고 즐겁게 끝까지 읽어주어도 되고, 아예 아이의 관심이 다른 곳으로 가서 듣고 있지 않다면 읽어주지 않아도 된다. 아이가 가나다표를 보지 않더라도 리듬감과 음가에 익숙해지도록 반복적으로 노래를 불러주는 것이 중요하다.

♣ 글자 미로놀이

첫째아이가 생각해 낸 놀이이다. 미로를 그려서 '가'에서 '하'까지 순서대로 찾아가는 놀이인데, 아이가 직접 미로를 그렸다.

♣ 같은 글자 찾기 놀이

신문이나 잡지, 쿠폰북, 마트 전단지 등에서 같은 글자를 찾아 동그라미를 치는 놀이이다. 같은 시간 안에 누가 빨리 찾는지, 또는 많이 찾는지 내기를 해도 좋다. 빨간색으로 '치'자를 찾았다면 파란색으로는 '미'자를 찾아 동그라미를 치면 개수를 헷갈리지 않고 여러 번 할 수 있다.

코딩된 한글놀이 브로마이드 위에 글라스펜으로 낱글자를 찾은 뒤 물티슈로 닦으면 깨끗하게 지워져서 여러 번 사용할 수 있다.

♣ 가나다 글자 조합놀이

'가, 나, 다, 라, 마, 바, 사, 아, 자, 차, 카, 타, 파, 하'를 각각 잘라서 뒤에 테이프를 붙여 텔레비전 밑 등 아이가 잘 보는 장소에 붙여둔다. 아이가 관심 보일 때 읽어주고, 그 글자들로 다양한 단어를 만들어보는 것도 좋다. 한 글자씩 떼어내어 '나라', '바다', '사자', '하마', '아가', '나사', '자라', '마차' 등을 조합해서 글자를 만들어보자. 가나다표에 있던 낱글자들이 단어가 되는 과정을 직접 보여줌으로써 낱글자를 확실히 익힐 수 있다.

아이가 이 놀이에 익숙해지면 '가, 나, 다, 라, 마, 바, 사, 아, 자, 차, 카, 타, 파, 하' 낱글자와 '기, 니, 디, 리, 미, 비, 시, 이, 지, 치, 키, 티, 피, 히' 두 묶음을 합해서 글자 만들기 놀이를 해도 좋다.

단어의 일부를 가려놓고 어떤 글자인지 알아맞히는 놀이이다.

간단하게는 시중에서 파는 가나다표에 동그라미를 치며 글자를 만드는 놀이를 해도 된다.

🌲 아이의 호기심을 자극하는 한 글자 가리기

거품 목욕놀이를 할 때 비누거품으로 글자 중 일부만 가리고 노출해 주는 놀이이다. '목욕'이라는 단어 중 거품으로 '목'자만 가리고, "'목'자를 가리니 '욕'자만 남았네." 하며 읽어주었다. 그리고 아이에게 단어카드를 물에 담갔다 빼게 하자. 거품이 모두 씻어내려가면 "쏭~ 목욕 글자가 다시 나왔네. 신나는 목욕!" 하고 즐겁게 읽어주면 된다. 아이들이 모두 정말 좋아했던 놀이 중 하나다. 거품으로 가리지 않고 쌀, 모래, 점토 등 다양한 방법으로 글자를 가릴 수도 있다.

방에서 화장실까지 낱글자 징검다리를 만들었다.

🌲 노래를 부르며 한글을 익히는 낱글자 징검다리

아이가 좋아하는 동요를 낱글자로 적어 바닥에 붙여놓는다. 안방에서 나와 화장실까지 가는 길에 '산/토/끼/토/끼/야/어/디/를/가/느/냐/깡/충/깡/충/뛰/면/서/어/디/를/가/느/냐' 가사를 낱글자 하나씩 붙여놓고, 아이가 화장실에 갈 때 징검다리를 밟으면 노래를 불러주었다. 기저귀를 떼는 아이라면, 아이의 간이 화장실 앞으로 징검다리를 만들어주어도 좋다. 아이가 익숙해질 때쯤에는 다른 노래로 바꿔서 낱글자를 익히게 해준다.

🌲 가족 모두가 함께 즐기는 끝말잇기

나는 끝말잇기를 종이에 적고 벽에 붙여준 뒤 동요에 맞춰서 불러주었는데, 아이가 오다 가다 종이를 보며 흥얼흥얼 따라 불렀다. 글자들이 익숙해지면 옆에 다른 종이를 붙여놓고 노래를 불러주었다. 이때 겹치는 음가는 피하고, 아이가 아는 단어와 모르는 단어를 적당히 섞어서 적어준다.

하마 - 마차 - 차림표 - 표정 - 정답 - 답장 - 장기 - 기러기 - 기침 - 침대 - 대나무 - 무릎 등을 '나리나리 개나리' 동요에 맞춰서 불러주면 된다.

차근차근 문장 읽기로 한글 마무리하기

일반적으로 문장 읽기는 통문자와 조사, 의성어와 의태어, 동사와 형용사들을 아이가 어느 정도 인지하고 있을 때 시도한다. 나는 아이들에게 조사를 제외하고 명사, 동사, 의성어, 의태어, 형용사 등을 가리지 않고 노출했던 탓에 큰 어려움 없이 문장 읽기를 진행할 수 있었다.

한글을 진행하다 보면 어느 순간 진행이 막막하다고 느껴지는 순간이 있다. 통문자를 꽤 많이 진행했다고 생각했는데, 우리가 자주 사용하는 단어들을 살펴보면 중복되는 음가가 많기 때문이다. 더 이상의 통문자들은 의미가 없는 것 같고, 그렇다고 아직 많이 남아 있는 음가들을 무시하기도 막막하고 말이다. 이때 포기하지 않는 것이 중요하다. 조금씩 풀어가다 보면 어느 순간 그 실타래가 풀려 저만치 나아간 것을 느낄 수 있다. 이때 내가 보충해 주었던 것이 받침이 있는 낱글자표였다.

받침을 'ㄱ'에서 'ㅇ'까지 만들어서 '각낙닥락막박삭악작착칵탁팍학', '걱넉덕럭먹벅석억적척컥턱퍽헉', '곡녹독록목복속옥족촉콕톡폭혹', '긱닉딕릭믹빅식익직칙킥틱픽힉'표를 만들어주었다. 이 표를 낱글자 단계에서 진행해도 좋지만, 문장 읽기가 자연스럽게 진행된 아이라면 받침 있는 낱글자를 보충 자료로 사용하는 것도 좋다. 아무래도 통문자만으로 모든 음가를 알려주기 어렵기 때문이다.

두 아이 모두 낱글자 단계를 가볍게 지나가서 문장 읽기를 진행하며 노출해 주었다. 아이의 진행 상황에 따라 얼마든지 순서는 달라질 수 있으므로 굳이 단계별로 진행해야 한다는 생각은 접어두자. 또 받침 있는 낱글자를 따로 노출하지 않고도 한글을 뗄 수 있으니, 아이가 이 방법을 좋아하지 않는다면 다른 방법으로 진행해도 좋다.

처음에는 아이의 반응이 가장 좋은 표를 전지에 적어 방문에 붙여두고 아이가 그 표에 관심을 보일 때마다 읽어주자. 아이가 좋아하는 노래를 이용해서 리듬감 있게 읽어주어도 된다. 끝까지 보는 경우도 있지만, 아이가 도중에 자리를 떠나는 경우에도 즐

받침을 익히기에 좋은 곡녹독표.

겁게 끝까지 읽어주자. 다만, 아이가 거부할 때는 바로 읽기를 멈추고 아이에게 집중해야 한다. 아이의 반응을 섬세하게 바라보고 그때그때 상황에 맞게 진행해 보자.

아이가 그 표에 점점 익숙해지면 순차적으로 다른 표들도 만들어줄 수 있다. 다 진행하기 어렵다면 '곡녹독'표만이라도 노출한다면 많은 도움이 된다. 다른 표들에 비해서 어린아이들도 인지하고 있을 만한 한 음절 단어가 많기 때문이다.

🌲 문장카드 읽기

처음에 문장을 읽을 때는 '밥을 먹어요', '손을 씻어요'와 같이 간단한 문장부터 시작한다. 그 뒤 '맛있는 밥을 먹어요', '손을 깨끗하게 씻어요'와 같이 한 단어씩 늘려준다. 이 문장도 익숙해지면 '맛있는 밥을 꼭꼭 씹어 먹어요', '화장실에서 깨끗하게 손을 씻어요'처럼 긴 문장을 더해 준다. 나는 카드 프로텍터에 문장을 적어 하나씩 덧붙여주었다. 문장카드를 구입해서 이용해도 좋다. 아이가 일상에서 하는 일뿐 아니라, 자주 하는 말도 적어서 노출해 주자. 둘째아이는 이 글자 저 글자를 적어달라고 요청했는데, 그런 것들만 적어주어도 많은 단어를 노출해 줄 수 있다.

스케치북에서 스프링을 제외한 종이 부분만 3~4군데로 잘라 '주어+목적어+서술어', '주어+목적어+부사어+서술어' 등을 적어 따로 혹은 같이 넘겨가며 읽어주는 것도 좋은 방법이다.

엄마가 밥을 천천히 먹었다.

아빠가 과자를 많이 사왔다.

오빠가 간식을 천천히 음미했다.

나는 도넛을 즐겁게 먹었다.

할머니께서 그림을 곱게 그렸다.

할아버지께서 크리스마스트리를 예쁘게 장식했다.

고모가 인형을 귀엽게 꾸몄다.

이모가 작품을 멋지게 전시했다.

삼촌이 백과사전을 꼼꼼하게 정독했다.

형이 그림책을 재미있게 읽었다.

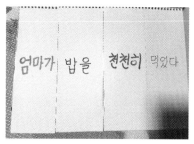

스케치북에 문장을 써서 다양한 문장을 만들 수 있다.　　삶은 달걀에 글자를 쓸 수도 있다.

언니가 동시를 또박또박 낭독했다.

아저씨가 팸플릿을 대강 외웠다.

사랑스러운 강아지는 몸이 작다.

깜찍한 다람쥐는 체구가 아담하다.

더러운 생쥐는 몸집이 왜소하다.

깨끗한 아기고양이는 몸뚱이가 조그맣다.

다양한 어휘와 유의어, 반대어 등을 노출해 주자. 이때 각 문장의 색깔을 다르게 해서 아이의 흥미를 끌어주는 것도 좋다. 이렇게 노출하면 네 개의 문장으로 다양한 경우의 수가 펼쳐지기 때문에 읽는 감각이 길러진다.

♣ 달걀도 먹고 글자도 배우고! 달걀 글자 쓰기

달걀을 삶아 먹을 때 껍질에 간단한 문장을 적어놓는다. 앞뒤로 다른 문장을 적어서 3~4개 줄지어 세운 뒤 손가락으로 밀면 전체 문장이 조금씩 바뀐다. 앞뒤로 돌려가면서 읽어주면 된다. 굳이 문장을 노출할 때가 아니더라도 단어를 노출할 때 활용해도 된다. 단지 글자 하나만 적었을 뿐인데, 평범한 계란이 아니라 재미있는 한글놀이 재료가 된다.

♣ 책 제목 찾아오기

아이에게 책 제목을 불러주고 찾아오는 놀이를 해보자. 낱글자 개념이 어느 정도 생긴 아이는 제목의 전체 글자를 다 모르더라도 유추해서 찾아올 수 있다. 이때 너무 많은 책을 한꺼번에 꽂아두기보다는 열 권 내외로 꽂아두고 찾아오게 한다.

♣ 사랑이 커지는 편지쓰기

포스트잇에 간단한 문장을 써서 집안 곳곳에 붙여놓는다. 아이가 집안을 돌아다니다가 엄마가 적어둔 편지를 보며 사랑까지 채울 수 있는 놀이이다. 아이가 자고 있으면 그 옆에 '사랑하는 아들(딸) 잘 잤니?', 냉장고 앞에는 '우리 귀염둥이, 배고프구나. 뭐 먹을래?', 책장에는 '골라골라~ 재미있는 책 골라!', 화장실에는 '끙끙차~ 힘내서 밀어내기 한 판!' 등 재미있는 문장을 적어서 노출해 준다.

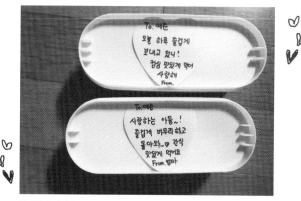

편지를 쓰면 아이에 대한 사랑이 더욱 커진다.

아이 생일이라면 생일편지를, 아이가 어린이집이나 유치원에 다닌다면 소풍 도시락에 간단하게 편지를 써서 사랑을 전해 보자.

나는 강연을 들으러 갈 때면 아이들이 잠든 시간에 나가야 했다. 그럴 때 종종 아이들에게 편지를 남겨두고 갔다. 일어났을 때 엄마가 없더라도 사랑을 느꼈으면 하는 마음에서였다.

♣ 우리 집은 보물섬! 보물찾기 놀이

편지쓰기와 비슷한 방식의 놀이로 첫째아이가 생각해 냈다. 화살표에 '화살표를 따라 오시오', '왼쪽으로 가시오' 등을 적어 보물이 있는 곳에 대한 힌트를 준다. 마지막으로 '보물상자 발견! 서랍을 여시오'라고 적힌 메모지를 붙인 뒤, 안에 작은 선물을 숨겨둔다. 또는 서랍이 두 군데라면 '아래 서랍을 여시오'와 같은 메모지를 하나 더 남겨 웃음 포인트를 만들어도 좋다. 길을 여러 갈래(왼쪽, 오른쪽 등)로 나눈 뒤 한 곳에는 '꽝! 다음 기회에!'와 같은 메모지를 붙여놓으면 아이들이 더욱 재미있어한다.

첫째아이는 직접 보물지도를 그려서 그것을 보며 보물을 숨겨두고 찾는 놀이도 좋아했다. 집안 단면도를 그려서 보물을 찾는 놀이도 했다.

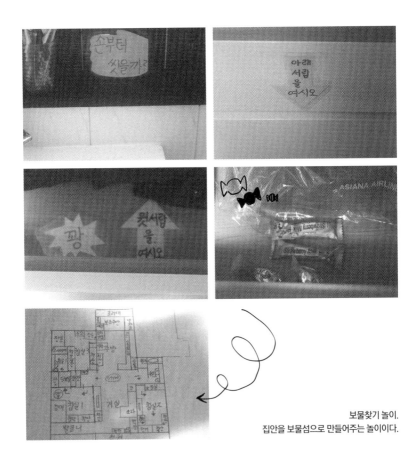

보물찾기 놀이.
집안을 보물섬으로 만들어주는 놀이이다.

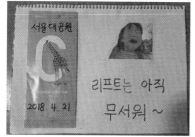

아이와의 추억을 되새기며 성장일기를 쓴다.

♠ 추억이 새록새록! 성장일기 쓰기

기억에 남을 만한 아이 사진들을 모아서 책처럼 만들고 그 밑에 간단한 글을 적어주는 놀이이다. 아이와 함께 사진을 붙이며, 아이에게 그 당시 일들이 기억나는지, 어떤 상황인지 이야기를 나눠보고, 문장을 적는 방식이다. 아이와 함께 했던 시간을 되돌아보면서 재미있고 즐거웠던 추억을 곱씹을 수 있다는 점에서도 추천한다.

첫째아이가 17개월쯤 되었을 때 책을 읽어주면 그림이 아닌 글자를 보기 시작했다. 글자를 몇 번 짚어주며 읽어주었는데 얼마 후에는 처음 보는 책도 글자를 다 읽으면 옆 페이지로 고개를 돌렸다. 이쯤 되니 정말 해줄 만한 것이 없다는 생각이 들었다. 아이는 통문자도, 낱글자도 거의 다 알고 있었고, 책도 여러 권 떼었으며, 처음 보는 글자도 한 번만 보여주면 바로 알았다.

그래도 혹시나 하는 마음에 시골로 내려가기 전 '까꺄꺼껴꼬꾜꾸뀨끄끼', '따땨떠뗘또뚀뚜뜌뜨띠', '빠빠뻐뼈뽀뾰뿌뷰쁘삐' 등을 적어서 벽에 붙여놓고 한 번 읽어준 뒤 일주일 동안 시골에 다녀왔는데, 아이가 집에 들어가자마자 그것을 짚으며 읽었다. 그런 모습을 보면서 '이제 한글이 내 손을 떠났구나.'라는 생각이

들었다.

한글을 언제 완전히 떼었는지 참 궁금했는데, 어느 순간 느낌이 확 들었다. '화살은 날아갔구나. 내가 쥔 화살이 아이에게 넘어갔구나.'라는 느낌이 들면 확실하게 뗐다고 볼 수 있다.

그 다음에는 기다리는 수밖에 없었다. 아직 말문이 트이지 않았기 때문에 더욱 그러했다. 그리고 정확히 18개월 되던 날, 글이 아주 적은 책이었지만, 그 책을 처음부터 끝까지 또박또박 읽었다. 진짜 그날의 감동은 지금도 잊을 수가 없다. 그 후로 이 책저 책 잘 읽었는데, 특정 발음이 들어간 책은 읽지 않으려 하기도 했다. '모르는 글자 때문인가?'란 생각이 들었다. 그래서 '딱땨떡떡똑똑뚝뚝뜩떡'과 같은 쌍자음 받침 글자를 노출해 주려고 준비하고 있었는데, 아이가 옆에 와서 보더니 바로 읽었다. 한번도 읽어준 적이 없는 음가였는데, 전부 다 읽어버리니 할 말이 없었다. 아이를 믿지 못했던 내가 참 부끄러웠던 순간이었다.

한글떼기에서 가장 중요한 것은 아이를 믿고 기다려주는 것이다. 말은 쉽지만 절대 쉽지 않은 일이기도 하다. 욕심을 버리고 아이와 즐겁고 행복한 시간만 만든다고 생각하자. 아웃풋을 유도하지 않는 것이 좋지만, 정말 궁금하다면 자연스럽게 해주어야 한다. 또 아웃풋을 유도할 때 아이가 모르는 것 같으면 재빨리 "여기 있네." 하면서 엄마가 찾아주는 것도

아이는 어려운 글자도 한 번만 읽어주면 그대로 익혔다.

중요하다. 그리고 아이가 모른다고 실망하지 말고 '아, 이건 아직 모르네. 다음에 또 노출해 줘야지.'라는 마음으로 가볍게 넘어가야 한다.

나는 아이의 아웃풋을 많이 유도한 편이었는데, 그렇다고 아이에게 실망감을 보인 적은 없다. 단지 무언가 더 해줘야 할 것이 있을까 봐 물어봤을 뿐이다. 아는 것과 모르는 것의 구분 그 이상의 의미는 없었다. 꾸준한 노출이 중요하지만, 하루도 안 빠지고 해야 한다는 강박관념은 내려놓자. 또 진도를 미리 엄마가 정하지 말고, 아이 컨디션에 맞게 해주어야 한다.

아이가 한글을 뗐다는 확신이 들었다면, 스스로 화살을 쏘아 올릴 수 있게 기다려주고 응원해 주어야 한다. 다만, 아이가 모르는 단어가 있어 답답해하거나, 도움을 요청한다면 기꺼운 마음으로 알려주자. 아이의 성향에 따라 다르지만, 동화책에 모르는 글자가 한두 개 있으면 뜻을 유추해서 읽는 아이가 있는 반면, 모든 단어를 알아야만 책을 읽는 아이도 있다. 후자라면 틈틈이 아이가 모르는 글자를 노출해 주어야 한다.

나의 경우, 겹받침이나 자주 사용하지 않는 받침 등을 모두 적어서 붙여놓았다. 첫째아이 때는 붙여놓기만 하고 노출해 준 적은 없는데, 둘째아이가 붙여놓은 종이를 짚으며 읽어달라고 해서 여러 번 노출해 주었다. 확실히 낱글자를 많이 알면 책을 읽을 때도 자신감이 붙게 마련이다. 아이가 지루해하지 않고 엄마가 힘들지 않다면 많은 음가들을 노출해서 확실하게 한글을 떼주자.

♣ 글자 따라 읽기

첫째아이는 내가 한 줄, 아이가 한 줄 읽는 것을 좋아했고, 둘째아이는 내가 한 번 읽으면 아이가 한 번 따라 읽는 것을 좋아했다. 이 방법으로 간단한 책 여러 권을 쉽게 뗄 수 있었다. 영어 리딩을 배울 때 이 방법을 사용한다고 들었다. 아직 연령이 어려 이런 방법은 당연히 싫어할 거라 생각해서 시도해 볼 마음도 없었는데, 어느 날 내가 책을 읽으면 아이가 따라서 읽었다. 둘째아이는 스스로 이 방법을 선택했기에 별 어려움 없이 책 몇 권을 힘들이지 않고 마무리했다.

🌲 동요를 들으며 눈으로 읽기

영어의 집중듣기와 같은 방법이다. 가사집이 있는 동요집을 들으며 가사를 눈으로 따라 읽는 것이다. 모든 아이들이 음악을 좋아하지만, 첫째아이는 유독 음악을 좋아했다. 돌이 조금 지났을 때부터 눈 뜨자마자 CD를 틀어놓고 몇 시간씩 앉아서 글자밖에 없는 가사집을 보았다. 신나서 엉덩이를 흔들며, 한 권이 끝나면 또 다른 CD를 틀어서 반복하며 들었는데, 이 방법으로 한글, 영어, 중국어병음, 일본어 문자를 모두 뗐다. 집중듣기는 언어를 배우는 데 최적의 방법이다.

둘째아이 또한 《말놀이 동시집》 가사를 손가락으로 짚으며 노래를 따라 불렀다. 우리 아이들은 모두 좋아하는 방식이었지만, 아이에 따라서는 지루한 일이 될 수도 있으므로, 아이가 좋아하는 동요를 스케치북이나 전지에 적어서 벽에 붙여두고 함께 노래를 부르는 식으로 접근해 보자. 군이 동요가 아니더라도 아이가 좋아하는 노래의 가사를 노출해 주어도 된다. 당시 첫째아이가 악동뮤지션의 '다리 꼬지 마'를 좋아해서, 그 가사를 적어서 벽에 붙여두고 많이 불러주었다.

아이가 중국어 동요집을 보고 있다.

다리꼬지마

다리꼬지마 다 다리꼬지마
니가 시크를 논해서
내 본능을 건드려
앞뒤 안가리고 다릴 치켜
들고 반대 다리에 얹어
다릴 꼬았지 아니 꼬왔지
내 다리 점점 저려오고
피가 안통하는 이 기분

아이가 좋아하는 가사를 적어서 많이 불러주었다.

자모음 조합 원리라고 해서 자음과 모음을 모두 알려준 뒤, 글자 결합 방식을 알려줄 필요는 없다. 자음과 모음을 모두 익히고 원리를 알려주려다 보면 시작도 하기 전에 아이는 흥미를 잃을 수 있기 때문이다.

'사자'라는 단어가 있다면 "'시옷'과 '아'가 만나서 '사', '지읒'과 '아'가 만나서 '자'가 되는 거야."라고 이야기해 주면 된다. 통문자를 진행하면서 자모음에 관심을 보이는 아이는 자모음 결합 방식을 곁들여도 되고, 자모음 원리를 이해할 나이의 아이들에게 바로 시작해도 된다.

🌲 자음과 모음 알려주기

자음과 모음 기호들의 이름을 알려주고, 각 기호가 내는 음가를 알려준다. 'ㄱ, ㄴ, ㄷ, ㄹ, ㅁ, ㅂ, ㅅ, ㅇ, ㅈ, ㅊ, ㅋ, ㅌ, ㅍ, ㅎ'은 '그, 느, 드, 르, 므, 브, 스, 으, 즈, 츠, 크, 트, 프, 흐'로, 'ㅏ, ㅑ, ㅓ, ㅕ, ㅗ, ㅛ, ㅜ, ㅠ, ㅡ, ㅣ'는 '아, 야, 어, 여, 오, 요, 우, 유, 으, 이'로 발음된다는 것을 알려주자. 엄마가 알고 있는 자모음 노래를 이용해서 알려준다면 아이가 지루하지 않게 익힐 수 있다.

🌲 글자, 숫자, 알파벳까지 익히는 퍼즐놀이

퍼즐을 좋아하는 아이라면 두꺼운 종이 상자를 이용해서 자모음 퍼즐판을 만들 수도 있다. 이미 기존에 있던 퍼즐판을 이용해서 종이 상자에 글씨를 쓰고 임의로 모양을 잘라낸다. 자르고 나면 벌어지기 때문에 다시 한 번 다듬어서 틀에 딱 맞춰주는 작업은 필요하다. 또는 이미 구성품 퍼즐조각을 뒤집어 글자를 쓴 다

 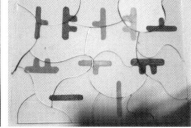

자모음 퍼즐판을 만들어서 한글놀이를 할 수 있다.

음 사용해도 좋다. 퍼즐을 이용해 자모음뿐만 아니라 숫자, 알파벳 등도 알려줄 수 있다. 아이가 좋아하는 방식으로 자연스럽게 노출만 해주자.

♣ 모든 아이들이 좋아하는 자석 글자놀이

첫째아이는 글자에 관심이 많아서 자석 한글틀에 끼웠다 뺐다 놀이를 하면서 자모음, 알파벳, 숫자까지 완벽하게 익혔다. 엄마가 가지고 놀고 싶고 알려주고 싶은 것 말고, 아이가 가지고 놀고 싶어 하고 알고 싶어 하는 것을 알려주어야 한다. 그렇게 해야 엄마와 아이의 관계가 좋아지고, 아이의 지성도 깊어지는 일석이조의 효과가 있다. 놀이를 통해 배움을 얻는 것은 두 마리 토끼를 한번에 잡을 수 있는 최고의 방법이라고 생각한다.

♣ 한글 자석으로 글자 만들기

단순히 자석을 붙이면서 자모음만 알려주어도 좋고, 자모음을 조합하여 낱글자를 만들어도 좋다. 자모음이 결합하는 방식을 통해 통문자도 만들어주자. 연령과 관계없이 글자 자체에 관심이 많은 아이들이 좋아할 만한 놀이이다.

자음을 늘어놓고 'ㅏ'를 붙여가며 '가, 나, 다, 라, 마, 바, 사, 아,

자석 글자 만들기.

자동차 번호 만들기.

자, 차, 카, 타, 파, 하'라고 읽어주면 된다. 아이가 흥미를 보인다면 그 다음에는 'ㅗ', 'ㅜ', 'ㅓ', 'ㅡ', 'ㅣ'를 붙여가며 읽어준다. '무엇이 무엇이 똑같을까' 동요에 맞춰서 "ㄱ과 ㅏ가 만나서 가가가 가가가가가 됐네."라고 불러주면 아이들이 재미있어한다.

첫째아이는 문자 자체가 관심 분야였던 만큼 14~15개월에 'ㅍ'과 'ㅇ'을 붙여놓고 'ㅏ'를 붙여서 '팡팡'이라 읽고, 'ㅏ'를 다시 'ㅗ'로 바꿔 붙이고 '퐁퐁'이라고 읽으며 놀았다. 이 놀이를 무척 좋아했는데, '엄마 안녕', '아빠 안녕' 등을 만들며 재미있게 놀았다.

비록 어렸지만 자모음과 받침이 모여 글자가 만들어진다는 원리를 이해하고 있었다. 아이가 어리다는 이유로 부모가 미리 한계를 그어놓고 제한된 정보를 줄 필요는 없다. 어려운 어휘 등을 이해하지 못할 거라고 단정하지 말자. 어른이 사용하는 어휘 그대로 아이에게 전달해도 된다.

♣ 못 써도 괜찮아! 자석판 글자 쓰기

나는 아이를 키울 때 재활용쓰레기를 함부로 버린 적이 없다. 모두 아이에게 한 번 주고 나서 버렸는데, 아이가 그것을 가지고 재미있게 논다면 돈 안 드는 장난감 하나 생긴 것이고, 흥미가 없으면 그때 가서 버리면 그만이었다.

글자 자석틀도 버릴까 하다가 두었는데, 아이는 그 틀을 가지고 정말 많은 놀이를 했다. 뺐다 꽂았다 하면서 소근육도 키우고, 글자도 익혔을 뿐 아니라, 그 틀을 종이 위에 두고 색연필이나 매직을 사용해서 그림도 그렸다. 틀을 이용해서 색칠만 하면 되니까 아이는 자신이 글자를 적는다는 기쁨을 만끽하면서 많은 단어들을 만들어냈다. 이 놀이 또한 단순히 자모음만 노출해도 되

쓰기를 좋아하지 않는 아이도 자석판에 글자 쓰는 놀이는 좋아한다.

고, 자모음을 조합해서 단어를 만들어주어도 좋다.

♣ 글자 방향 바꾸기

'아, 야, 어, 여, 이'라는 글자를 90도로 회전하여 '우, 유, 오, 요, 으'로 읽어주는 놀이이다. 자음과 모음을 다른 색깔로 적어줌으로써 글자 조합을 강조해 주어도 된다.

♣ 가나다 글자에 받침 붙여주기

받침 없는 낱글자에 많이 노출된 아이라면 'ㅇ'과 같은 자석 글자를 하나 들고 밑에 붙여주면서 읽어주는 놀이를 하면 받침의 원리를 알 수 있다. '가나다'에 'ㅇ'이라는 받침이 붙어 '강낭당'이라는 새로운 음가가 만들어진다는 것을 알려준다. '가' 밑에 'ㅇ'이 오면 '강, 강!' 하고 리듬감 있게 읽어주어도 좋다. 'ㅇ'에 익숙해졌다면 'ㄱ, ㄴ, ㄹ, ㅁ, ㅂ, ㅅ' 등을 이용해서 같은 방법으로 알려주자. 글자 감각이 빠른 아이는 이 단계에서 자모음 음가와 조합을 이용해서 처음 보는 단어들을 읽기도 한다.

♣ 타자 연습

첫째아이가 전자제품이나 전자기기에 관심이 많아서 나는 위험하지 않는 이상 직접 할 수 있는 기회를 주었다. 첫째아이가 두 살 때부터 문자 보내기나 컴퓨터 타자연습을 할 수 있게 해주었는데, 자모음 자판을 하나씩 쳐가면서 글자가 어떻게 만들어지는지 볼 수 있기 때문에 아이가 자모음 조합 원리를 이해하는 데 엄청난 도움이 되었다.

♣ 라벨지 만들기

시중에 팔고 있는 라벨기를 이용하여 자모음 조합 원리를 알려줄 수도 있다. 아이의 이름을 예쁜 라벨지에 적어 아이 물건에 붙여주어도 좋고, 아이가 적고 싶은 것을 직접 적어 스티커로 만들어도 된다. 라벨기 가격이 비싼 편이라서 부담스럽다면 '또각이'라는 저렴한 라벨기가 있다. 다만 한글 나열식이라서, 공기를 치면 'ㄱ ㅗ ㅇ ㄱ ㅣ'로 찍혀 나온다. 단순히 '가, 나, 다'와 같이 받침 없는 글자를 알려주고 싶을 때 사용해 보자.

♣ 복모음 정리하기

'ㅐ, ㅔ, ㅟ, ㅘ, ㅙ, ㅞ, ㅒ, ㅖ'와 같은 복모음의 기호와 음가는 다른 모음들을 알려줄 때 익숙한 노래로 알려주자. 그러면 아이의 눈과 귀가 복모음에 익숙해질 것이다. 이때 복모음이 들어간 단어들도 함께 노출해 주자. 아이가 다소 복잡하게 느낄 수 있으므로 미리 조금씩 노출해 주는 것이 중요하다.

♣ 쌍자음 정리하기

'ㄲ, ㄸ, ㅃ, ㅆ, ㅉ'의 기호와 음가를 알려준다. '따땨떠뗘또뚀뚜 뜌뜨띠'처럼 쌍자음은 생각보다 발음이 어렵고 우스워 아이들이 재미있어한다. 복모음과 마찬가지로 쌍자음이 들어간 단어들을 함께 알려주는 것이 좋다.

♣ 겹받침 정리하기

'ㄳ, ㄵ, ㄺ, ㄽ, ㄾ, ㅄ, ㄺ, ㄻ, ㄿ, ㅀ'과 같은 겹받침이 들어간 글자를 노출해 준다. '갊, 낢, 닭, 랆, 맑, 밝, 삵, 앍, 잛, 찱, 캄, 탉, 팕, 핚, 긁, 늙, 슭, 흙, 굵, 묽, 붉, 옭, 줅, 옭, 칡' 등은 많이 쓰이지는 않지만 한번 정리해 둔다면 아이가 어떤 글자든 자신 있게 읽을 수 있게 된다.

첫째아이에게는 '딱, 땍, 떡, 떽, 똑, 쏙, 뚝, 뚝, 뜩, 띡'과 같은 쌍자음 받침글자부터 자주 쓰이지 않는 받침 '갗낯닺, 갗낯닺, 각낙닥, 같낱닽, 갚낲닪, 갛낳닿'까지 모두 노출해 주었다. 아이가 한글을 거의 다 뗐다 하더라도 계속해서 한글놀이를 원할 수 있다. 그럴 때는 좀 더 한글놀이를 진행하면서 완벽하게 떼어주는 방법도 추천한다.

읽기 독립이 되면 책은 아이에게 든든한 베이비시터가 아닐 수 없다.
아이가 조용해서 보면 옆에 수십 권의 책을 쌓아놓고
읽고 있는 모습을 수시로 보게 된다. 아이는 밥을 먹으면서도
TV를 보다가도 풀썩 주저앉아 읽고 싶었던 책을 읽는다.

책을 줄줄줄 읽는 단계로 나아가기 위한 마중물

5장
한글떼기의 마침표,
읽기 독립

책을 줄줄 읽는 단계로 나아가기 위한 마중물

읽기 독립이
필요한 이유

읽기 독립을 한마디로 정의하기는 어렵지만, 내가 생각하는 읽기 독립은 텔레비전을 보다가도 문득 책이 보고 싶어서 하던 것을 멈추고 책을 보는 상태를 말한다. 다시 말해 읽기 독립은 책이 일상이 되는 상태다. 우리는 가끔 여행도 다녀오고 일탈을 하기도 하지만, 결국 일상으로 돌아온다. 즉 책이 아이의 일상이 되어 삶의 일부분이 되는 것이 읽기 독립이 아닐까.

읽기 독립이 되었다고 엄마에게 책을 읽어달라고 하지 않는 것은 아니다. 엄마의 사랑이 필요하면 책을 통해 사랑을 채우려는 것이 우리 아이들이다. 어릴 때 엄마 품에서 동화책을 읽으며 느꼈던 사랑을 다시 느끼고 싶기 때문이다. 아이가 일찍 한글을 뗐다면 더욱 그러하다.

스마트폰이 켜져 있어도 아이들은 책을 본다.

첫째아이는 30개월쯤 읽기 독립이 되었다. 아이가 읽을 때 내가 실수로라도 읽으면 아이는 상상지우개로 지워달라고 하고는 내가 읽은 부분을 다시 읽을 만큼 스스로 읽으려는 의지가 강했다. 그 즈음 둘째아이를 임신했다. 나도 임신인 줄 모르고 있었는데, 첫째아이가 자꾸 책을 읽어달라고 했다. 아이의 퇴행을 의아하게 여겼는데, 알고 보니 임신했던 것이다. 아이는 엄마가 자신에게만 집중해서 책을 읽어줄 수 있는 마지막 시간임을 본능적으로 알았던 것 같다.

돌이켜보면 첫째아이에게 그 시간은 엄마가 오롯이 책을 읽어주며 애착을 쌓는 소중한 시간이었다. 엄마 뱃속에 있던 둘째아이에게는 동화책 태교가 되었던 셈이다. 둘째아이는 세상에 나오자마자 우리말책, 영어책, 중국어책 가리지 않고 다 좋아했는데, 뱃속에서부터 많은 이야기를 들었기 때문이라고 생각한다. 그 덕

5~6개월 때 책을 보던 둘째아이.

분인지 둘째아이는 태어난 지 6개월쯤 되었을 때 첫 번째 책의 바다가 찾아왔다. 엄마의 체력적 한계 때문에 완벽히 채워주지는 못했지만, 말도 못하는 6개월 아이가 손짓 발짓으로 책을 읽어달라고 하던 모습이 아직도 눈에 선하다.

♠ 첫째의 읽기 독립은 둘째아이 육아에 큰 힘이 된다.

아이가 책을 혼자 읽을 수 있다고 하더라도 읽어달라고 하면 읽어주어야 한다. 아이는 엄마가 읽어주는 책에서 사랑을 느낀다. 혼자 잘 읽더니 왜 읽어달라고 하냐고 밀어내지 말고, 엄마의 사랑을 주는 하나의 방법으로 활용하는 것이 바람직하다. 어차피 영어 읽기 독립은 한글 읽기 독립보다 느리기 때문에 영어책은 읽어주지 않는가. 귀찮아하지 말고 읽어주다 보면, 엄마가 읽어주는 속도가 답답해서 혼자 읽는 날이 온다.

둘째아이가 태어나고 나서 첫째아이는 엄마에게 책을 읽어달라고 한 적이 거의 없다. 물론 영어책은 가끔 읽어달라고 했지만, 우리 말책, 영어책, 중국어책 모두 스스로 읽었기 때문에

아이가 영어책과 중국어책을 혼자 읽고 있다.

둘째아이 책 읽히기는 다른 집에 비해서 수월했다. 게다가 엄마인 내가 바쁘면 첫째아이가 동생에게 엄마 대신 책을 읽어주기도 했다.

읽기 독립이 되었다고 마냥 아이의 책 읽기에 손을 놓아서도 안 된다. 아이가 최근에 좋아하는 책에 대한 관심을 놓지 말아야 한다. 책은 아이와 대화를 지속시키는 매개체이기 때문이다.

읽기 독립이 되면 책은 아이에게 든든한 베이비시터가 아닐 수 없다. 아이가 조용해서 보면 옆에 수십 권의 책을 쌓아놓은 채 읽고 있는 모습을 수시로 보게 된다. 아이는 밥을 먹으면서도 TV를 보다가도 풀썩 주저앉아 읽고 싶었던 책을 읽는다.

아이 혼자 책을 술술 읽으려면 읽기 독립 과정이 꼭 필요하다. 이 과정을 거치면서 아이는 한글 다지기 연습을 하는 것이다. 아이의 읽기 독립을 도와주는 방법은 다음과 같다.

🏠 쉽고 재미있는 책을 읽게 한다

쉬운 책을 선호하는 아이가 있는 반면, 어떤 아이는 재미에만 초점이 맞춰져 있다. 따라서 아이 성향에 맞는 책을 골라 주어야 한다.

무조건 쉬운 책을 좋아하는 아이는 단순하고 재미있는 책을 읽을 기회를 준다. 같은 문장이 반복되면서 단어만 조금씩 바뀌는 책도 좋다.

재미에 초점을 맞추는 아이는 좋아하는 분야의 책만 골라주면 된다. 아이의 듣기 수준이 높이 올라간 상태라면 듣기와 읽기의 간격을 메우기에 적당한 책이 생각보다 적다. 그럴 때는 아이가 아주 좋아할 만한 책을 넣어주자. 재미있으면 읽게 되어 있다.

첫째아이의 경우, 고양이를 무척 좋아해서 고양이도감을 사주었는데, 어른이 읽기에도 빽빽하게 적혀 있는 글자들을 거침없이 읽어내려 갔다.

또한 푸름아빠의 《아이를 잘 키우는 내면여행》의 소제목을 읽는 것을 매우 좋아했다. 소제목 중 '오늘은 어제보다 더 큰 사랑을 아이에게 보여주세요'를 읽고 나서 나에게 "오늘은 어제보다 더 큰 사랑을 아이에게 보여줄 거야?"라고 해서 웃음이 빵 터진 적도 있다. 이렇듯 좋아하는 분야라면 아이는 책의 수준과 상관없이 재미있게 읽는다.

♠ 읽은 내용을 확인하지 말자

아이가 혼자 책을 보면서 페이지를 너무 빨리 넘기거나, 그림만 보는 것 같더라도 지적하지 말아야 한다. 책 내용의 70퍼센트를 이해하지 못하면 아이는 그 책을 읽지 않는다. 재미가 없기 때문이다. 어른들도 이해하기 어려운 책을 처음부터 끝까지 읽어내기란 힘든 일이다. 아이는 그 책을 어느 정도 이해하고 재미있기 때문에 읽는 것이다. 그러니 책 내용을 물어보지 말자.

재미있는지 재미없는지 정도는 물어볼 수 있다. 이후 엄마도 읽어보고 재미있더라며 아이와 공감대를 형성해 주면 된다. 아이가 재미있게 보는 책을 함께 읽음으로써 추후 어떤 책을 골라야 하는지 감을 잡는 것이다. 아이가 완전히 읽기 독립이 되었다고 하더라도 관심 있게 보는 책들은 엄마도 내용을 대강은 알고 있어야 한다.

아이와 생각을 나누거나 대화하는 것은 상관없지만, 세심한 책 내용까지 물어보는 것은 큰 의미가 없다. 어른도 기억하기 힘든 것을 아이에게 물어보는 것은 책과 멀어지게 만드는 원인이 된다. 어떤 책을 읽었는데, 누군가 이것저것 물어본다고 생각해 보라. '이 책을 다 읽고 나면 엄마가 또 물어볼 거야. 대답을 못하면 제대로 안 읽었냐고 뭐라고 하겠지.' 이런 생각이 들면 아이는 점점 책 읽는 것을 싫어하게 된다.

♠ 칭찬과 격려를 아끼지 말자

육아를 시작하고 쭉 그래왔던 것처럼 읽기 독립 또한 칭찬과 격려를 아낌없이 쏟아부어야 한다. 아이가 혼자 책을 읽을 때마다 감탄과 찬사를 보내주자. 엄마의 칭찬에 신이 난 아이는 읽기 독립에 박차를 가할 것이다. 이때 주의해야 할 것은 오로지 학습적인 성취에만 감탄하면 안 된다는 것이다. 엄마의 심부름을 해줄 때도, 혼자 밥을 먹을 때도 똑같이 칭찬과 격려를 해야 한다.

그리고 성공했을 때보다, 성취하기 위해 노력하는 자세와 태도에 초점을 맞춰서 칭찬해 주어야 한다. 단순히 "멋져!", "최고야!"라는 칭찬보다는 구체적으로 어떤 점이 좋은지 엄마의 생각이 들어간 칭찬이 바람직하다.

🏠 엄마가 빠져줄 상황을 만들어본다

엄마가 책을 읽어주다가 한창 재미있는 부분에서, 화장실이 가고 싶다며 자리를 비켜주자. 뒷내용이 궁금한 아이는 혼자서 책을 읽어볼 것이다. 물론 엄마가 올 때까지 읽지 않고 기다리는 아이도 있다. 그런 아이는 다른 방법으로 접근해 본다.

설거지 등 집안일을 할 때 아이가 책을 읽어달라고 요청한다면 혼자 읽어보라고 권유해 볼 수도 있다. 그 전에는 아이가 책을 읽어달라는 요청에 바로 고무장갑을 벗었겠지만, 읽기 독립을 준비하는 중이므로 혼자 읽도록 격려해 주는 것도 필요하다. 어디까지나 권유일 뿐, 강요가 되어서는 안 된다. "혼자 책을 읽는다면 엄마에게 엄청 도움이 될 텐데."라고 말해 보자. 실제로 아이가 혼자 책을 읽었다면 설거지가 끝난 다음 아이를 꼭 안고 칭찬과 감사 인사를 해야 한다.

"설거지하는 동안 혼자 책을 읽어줘서 엄마가 편하게 일을 끝낼 수 있었어. 정말 고마워. 엄마는 기쁘다. 아까 설거지하면서 들었는데, 책 읽는 목소리가 어찌나 곱던지, 꾀꼬리가 읽는 줄 알았다니까. 엄마는 진짜 행복하고 뿌듯해. 사랑해." 하고 말이다.

♠ 엄마랑 조금씩 나누어 읽는다

아이가 혼자 읽기 싫어한다면 한 페이지씩 읽거나, 역할을 나누어 읽거나, 특정 문장이나 단어만 읽을 수 있게 해주어도 된다.

첫째아이는 너 한 문장 나 한 문장 읽는 방식을 좋아했고, 둘째아이는 내가 읽은 문장을 앵무새처럼 다시 읽는 방식을 좋아했다.

역할을 나눈다든지, 색깔이 다른 문장만 읽는다든지, 굵기가 다른 문장만 읽는다든지, 제목만 읽는다든지 등 아이가 부담을 느끼지 않은 선에서 읽기 독립을 도와줄 수 있다.

♠ 책 사이에 사랑의 편지를 끼워둔다

문장 읽기 단계에서 포스트잇으로 여러 문장을 노출했던 것처럼 읽기 독립을 할 때도 이 방법을 활용했다. 아이가 평소 좋아하는 책 사이에 사랑이 듬뿍 담긴 포스트잇 편지를 적어서 엄마의 마음을 전해 보자. 책을 혼자 읽는 아이에게 격려의 메시지도 좋고, 혼자 책을 읽은 덕분에 엄마의 자유 시간이 생긴 것에 대해 감사함을 전해도 좋다. 책 내용과 관련된 재미있는 질문이나 이야기들을 적어놓으면 아이가 메모지를 보며 깔깔깔 웃음을 터뜨릴 것이다. 책 사이사이에 보물을 찾는 기분도 들기 때문에 아이가 혼자서 책을 읽고 싶어 하는 원동력이 된다.

♠ 책을 읽을 때마다 스티커를 붙여준다

아이가 혼자 책을 읽을 때마다 스티커를 붙여주는 방식이다. 보상을 주는 방식을 선호하지는 않지만, 놀이 방식으로 접근하는 것은 괜찮다고 생각한다. 종이에 예쁜 나무를 그리고, 책을 읽을 때마다 스티커 열매를 달아주자. 부직포 등을 활용해서 예쁘게 만들어 사용해도 좋다.

♠ 집중듣기 시간을 마련해 준다

나는 집중듣기가 가장 빠르게 언어와 글자를 배울 수 있는 방법이라고 생각한다. 사실상 집중듣기가 된다면 따로 글자를 가르칠 필요조차 없다.

첫째아이가 한글 동요를 들으면서 한글을 깨쳤고, 그 후 영어 중국어, 일본어 또한 해당 동요 가사를 보면서 파닉스, 병음, 히라가나, 가타카나를 익혔다. 당시 돌 조금 지난 아이가 한두 시간이 넘는 우리나라 동요집들을 반복해서 들으며 가사집을 봤다. 연신

엉덩이를 들썩이며 노래를 듣던 아이가 아직도 눈에 선하다. 한 글, 영어, 중국어, 일본어 가리지 않고 보았는데, 솔직히 한글 외에 는 오로지 집중듣기 하나로 깨쳤 다고 해도 과언이 아니다. 그만큼 글을 깨치는 데 집중듣기만큼 좋 은 방법은 없다고 생각한다.

아이가 중국어 동요를 들으며 책을 보고 있다.

집중듣기를 스스로 하는 아이 는 솔직히 기다려주기만 하면 된다. 엄마가 책 읽을 때 눈이 글자 를 따라 움직이는 아이는 크게 신경 쓰지 않아도 눈으로 읽는 속 도가 엄마가 읽는 속도보다 빨라지면 혼자 읽으려고 한다. 엄마 가 읽고 있는 도중에 아이가 눈으로 먼저 다 읽고 책장을 넘기려 한다면 읽기 독립의 청신호로 볼 수 있다. 하지만 엄마가 읽어줄 때 그림에 눈이 가 있는 아이라면 스스로 읽을 수 있도록 조금 이 끌어주는 것이 좋다.

⌂ 모르는 단어는 자연스럽게 알려준다

책을 읽는 도중에 아이가 모르는 것 같은 단어나, 틀리게 읽는 단어가 있다면 그 단어를 추후에 노출해 준다. 문장을 읽으면서 자연스럽게 단어를 유추해서 읽는 아이도 있지만, 한 단어만 몰라도 읽기 싫어하는 아이도 있다. 어른도 영어책을 읽을 때 모르는 단어가 있으면 책 읽기가 부담스러운 것과 같다. 이런 성향의 아이는 따로 모르는 단어를 알려주어서 한글을 똑 떼도록 도와주는 것이 바람직하다. 한글은 대강 다 뗐는데, 마무리가 안 되어 읽기 독립이 멀어지는 경우도 있다.

우리가 아이들에게 한글을 떼주는 이유는 그것을 활용하여 스스로 지식을 얻는 힘을 기르게 하는 것이다. 그런데 그 기술을 써먹지 못한다면 굳이 한글을 일찍 뗄 이유가 없다. 아이의 성향을 보고 그에 맞춰 읽기 독립을 하게끔 격려해 주어야 한다.

♠ 소리 내어 읽으라고 강요하지 말자

아이가 읽는 방식을 존중해 주어야 한다. 어른도 책을 읽을 때 정독하기도 하고 발췌독하기도 하면서 자유롭게 읽는다. 그런데 아이에게는 하나의 틀을 제공하고 그 틀 안에서 책을 읽으라고 강요해서는 안 된다. 아이가 '그리고', '그러나' 같은 접속사를 건너뛰거나, '하였습니다'를 '하였음'으로 줄여 읽더라도 다시 제대로 읽으라고 바로잡아 주지 말아야 한다.

책장을 너무 빨리 넘기거나, 묵독을 해서 바르게 읽는지 아닌지 모르더라도, 설령 아이가 틀리게 읽더라도 지적하지 말고 다음에 자연스럽게 한글로 노출해 보자. 아이가 여전히 한글놀이를 좋아한다면 모르는 단어를 보충해 주는 것이 좋다. 아니면 다음에 엄마가 읽어줄 때 바로잡아 주자. 바로잡아 주겠다는 의지로 전에 이거 틀리게 읽었다고 직설적으로 이야기하기보다는 그 부분만 손가락으로 짚어주거나 강조해서 읽어주는 것 정도만 해도 된다. 책을 반복해서 읽다 보면 문맥상 어색하기 때문에 스스로 바로잡게 된다. 또 다른 책들을 읽으면서 자연스럽게 바로잡을 수 있다.

🏠 동생에게 읽어주게끔 유도한다

동생이 있는 아이라면 동생에게 쉬운 책들을 읽어달라고 부탁해 보자. 엄마를 도와줄 수 있다는 생각에 아이는 성취감과 뿌듯함을 동시에 느낄 것이다. 엄마 대신 동생에게 책을 읽어줘서 고맙다는 인사와 칭찬은 필수다. 혼자서는 책을 안 읽으려고 하는 아이도 동생에게 읽어주는 것은 좋아할 수 있다. 엄마에게는 여전히

아이가 동생에게 책을 읽어주고 있다.

어리광부리고 싶지만 동생은 보살펴야 하는 존재로 인식하기 때문이다.

⬆ 이것도 저것도 안 되면 차라리 마음 편하게 읽어주어라

여러 방법을 써봤는데도 엄마가 읽어주기를 바란다면 그냥 마음껏 읽어주는 것을 추천한다. 아이가 읽기 독립을 싫어하는 이유가 분명히 있을 것이다. 아직은 엄마의 품속에서 사랑을 느끼고 싶어서일 수도 있고, 완벽주의 성향의 아이라 그럴 수도 있다. 그럴 때는 마음을 느긋하게 갖고 아이의 욕구를 마음껏 채워주면 된다.

지금 당장은 힘들겠지만, 지나고 나면 원하는 만큼 읽어줄 걸 그랬다는 후회의 마음이 들게 된다. 그만큼 아이들은 금방 자라고, 손도 점점 덜 가게 된다.

첫째아이가 일곱 살이 된 지금 내가 해주어야 하는 것도, 해줄 수 있는 것도 확연히 줄었다. 엄마 입장에서는 시원하면서 섭섭한 이중적 감정이 든다. 아이가 엄마 품안에 있을 날도 얼마 남지 않았다. 아이가 원할 때 마음껏 충족시켜 주어라.

정독과 낭독, 어떤 게 좋을까?

읽기 독립만 끝나면 걱정이 없을 것 같다던 엄마들도 막상 읽기 독립이 끝나고 나면 또 다른 고민들을 쏟아놓는다. 아이가 책을 너무 빨리 읽는다든지, 한 페이지만 너무 오래 본다든지, 혹은 그림만 보고 넘기는 것 같다든지 말이다. 소리 내어 읽어야 바르게 읽는지 아닌지 확인할 수 있는데, 묵독해 버리니 확인할 방법이 없다고 답답해하기도 한다. 이럴 때 엄마가 정독과 같이 특정한 읽기 방식을 알려주어야 할지, 아니면 아이가 읽는 방식을 존중해 주어야 하는지 고민이 될 수밖에 없다. 또는 다 읽고 난 뒤 책 내용을 물어보아야 할지 말아야 할지도 궁금해한다.

그 해답은 입장을 바꿔보면 간단하다. 우리의 책 읽기를 보자. 어른인 우리는 책을 읽을 때 소리 내어 읽기도 하고, 마음속으로 읽기도 하며, 타이틀만 훑어보기도 한다. 어떤 때는 필요한 부분만 발췌독하기도 한다. 때로는 밑줄을 치거나 필사까지 해가며 읽는다. 그런 우리에게 누가 그렇게 읽지 말고 처음부터 끝까지 소리 내어 읽으라고 한다면 어떨까? 다 읽고 나서 잘 읽었는지 내용까지 물어본다고 한다면 책 읽기가 즐거울 수 없다.

낭독과 묵독, 정독과 속독 등 읽기 방식은 다양하지만 정답은 없다. 굳이 이야기하자면 읽고 싶은 대로 읽는 것이 정답이다. 유대인은 책 읽을 때 정독과 낭독을 중요시한다. 낭독할 때 좋은 점은 오감을 사용해서 책을 읽는다는 점이다. 눈으로 보고 입으로 말하고 귀로 자신의 소리를 듣고 책장을 넘기며 천천히 읽음으로써 책의 내용을 음미하고 더 잘 이해할 수 있다는 장점이 있다.

내가 생각할 때 낭독은 언어를 배울 때 도움이 되는 독서 방법이다. 새로 배우는 언어가 입에 붙을 때까지 반복해서 소리 내어 읽어보는 것이다. 또 하나는 자기 것으로 완전히 소화하여 이야기를 전달하기 쉽다는 장점도 있다. 정독과 낭독의 단점은 소리 내어 책을 읽는 것은 한계가 있어 많은 양의 책을 읽기에는 부적합하며, 타인이 있다면 방해가 될 수도 있다는 점이다.

반대로 묵독과 속독의 장점은 많은 정보를 빠른 시간 내에 읽고 파악할 수 있다는 점이다. 빠르게 읽을 수 있다는 것은 이해의 속도가 그만큼 빠르다는 것이다. 정보가 넘쳐나는 현대 사회에서는 얼마나 많은 정보를 빠르게 종합하여 자신의 것으로 만들고, 나아가 새로운 창의력을 불어넣느냐가 관건이다. 그런 점에서 내가 생각하는 현대 사회에 필요한 독서 방법은 묵독과 속독이라고 생각한다.

그렇다고 묵독과 속독이 더 좋은 독서 방식이라는 것은 아니다. 그저 아이가 읽는 방식을 존중해 주면 된다. 책 읽는 것이 즐겁고 행복하며, 또 주도적으로 책 읽는 아이를 원하는가? 그렇다면 아이의 책 읽기를 그대로 존중해 주어라.

한글 확장의 가장 큰 장점은 스스로 지식을 넓혀 나간다는 데 있다. 아이는 자신이 좋아하는 분야에 몰입하고, 또 다른 가지를 펼쳐 나간다. 언제든지 책을 펼치면 다양한 이야기를 나누어줄 친구가 생긴 것이다. 엄마는 아이가 좋아하는 것을 따라가며 조금씩 영역을 확장해 주기만 하면 된다.

아이마다 확장의 길은 다르다. 똑같이 공룡을 좋아하는 아이라도 한 아이는 역사로, 한 아이는 진화론으로 확장해 나갈 수 있다. 어떤 분야든 아이의 관심사를 쫓아가면 된다. 우리 아이들 예를 잠깐 들어보자.

첫째아이는 다른 아이들이 공룡, 곤충, 동물에 관심을 갖는 것처럼 '문자'라는 것 자체가 관심 분야였다. 문자에 지대한 관심이 있다 보니, 자연스럽게 언어를 배우면서 문자 먼저 배우는 성향이 있다.

첫째아이는 한글을 17개월에 뗐다. 한글을 습득한 이후, 아이는 한글을 자신이 좋아하는 다양한 언어와 문자를 배우는 곳에 사용했다. 그러다 보니 영어책을 두 돌 전에 읽었고, 중국어 병음은 세 돌이 안 되어 스스로 뗐다. 일본어 히라가나, 가타카나도 중국어 병음과 같이 뗐으며, 말하기보다 읽기를 먼저 했다.

그러다 보니 발음에 예외가 많은 영어는 멋대로 읽거나 틀리게 발음하는 경우가 있었다. 아이가 영어책을 읽을 때 틀리게 읽더라도 그것을 스스로 읽는다는 것만으로 예쁘고 기특하게 여겼는데, 시간이 지나니 아이 스스로 그런 것들을 서서히 바로잡아 갔다. 그와 반대로 예외가 거의 없는 중국어는 어마어마한 속도로 언어를 배워나갔다.

지금은 한국어, 영어, 중국어가 자유로운 아이가 되었다. 엄마가 확장을 많이 이끌어주지 못했던 일본어, 이탈리아어, 스페인어 등도 한국어가 아닌 영어로 배우며 스스로 넓혀가고 있다.

아이는 세상에 있는 모든 언어를 배우고 싶다고 말한다. 한글을 뗐다는 것은 하나의 소리를 문자와 매치하는 힘을 가졌다는 것이므로 다른 외국어 문자들도 스스로 익혀나갈 힘을 가졌다는 것을 의미한다.

그리고 하나의 문자인 숫자에도 관심이 많고, 두 살 때 천 단위를 구분했다. 간단한 연산도 했으며, 시계를 볼 줄도 알았다. 단순히 외워서 분 단위를 보는 것이 아니라, 왜 긴바늘이 1에 있을 때 5분인지 정확한 원리로 알았고, 60분이 한 시간인 이유도 분명하게 이해했다. 이것을 이용해 구구단 5단의 개념도 알아갔다. 지금도 곱셈이나 나눗셈을 외워서 하는 것이 아니라 원리로 이해해서 계산한다. 또한 여섯 살 때부터 억 단위 계산도 척척 해냈다.

🔼 한글을 떼면 아이의 지식은 더 넓고 깊어진다

여러 가지 도형 또한 하나의 문자로 생각했던 아이는 어릴 때부터 도형을 가지고 노는 것을 좋아했다. 두 살 때 칠교를 스스로 맞추었고, 여러 도형을 조합하며 놀았다. 단순히 평면도형뿐 아니라, 입체도형도 빠르게 흡수했다. 성냥개비를 가지고 놀면서 동그라미(원)가 되는 원리를 깨쳤다.

그렇게 도형에 관심이 많던 아이는, 세 살 때 333큐브 한 면을 스스로 맞추었고, 네 살 때는 2면까지 맞추었다. 3면은 딱 2번 스스로 맞추기도 했다. 이후 33큐브 공식을 이용해서 6면을 모두 맞추었으며, 여섯 살에 444큐브를 모두 맞추었고, 새로운 공식도 만들어냈다. 또한 여섯 살부터는 보드게임과 카드게임, 퀴즈게임 등을 만들면서 수학적인 영역도 확장해 가고 있다.

둘째아이는 문자보다 그림 보는 것을 좋아하고, 노래나 율동에 좀 더 관심이 많은 아이이다. 뱃속에 있을 때부터 다개국어 환경에 노출된 탓에 돌쯤 말문이 터지자마자 세 개 국어를 썼다. 언어를 배울 때 소리로 먼저 듣고 이해하여 18개월쯤부터 영어책, 우리말책, 중국어책 가리지 않고 책 내용을 외워서 읽거나 그림을 보고 상상으로 읽었다.

이렇듯 배움의 방식이 다를 뿐이지 첫째아이와 둘째아이 중 어느 누가 더 잘났다는 것은 없다. 또한 둘째아이는 한글을 떼기 전부터 혼자 책 읽는 것을 좋아하는 것으로 보아 읽기 독립이 빠를 것으로 예상한다. 또한 몇 달 전부터는 알려주지 않은 알파벳 소문자에도 관심을 보이더니 빠르게 익혀나갔고, 영어책 제목도 손가락으로 짚으며 읽어달라고 한다. 물고기, 동물, 곤충, 공룡 등 생물에도 관심이 많다. 지금까지 책의 바다가 세 번 왔지만, 첫째아이 유치원 문제로 제대로 읽어주지 못했다. 첫째아이가 아침에 일찍 일어나야 하는데, 둘째아이는 밤만 되면 책을 읽어달라고 해서 체력적으로 힘들어 원하는 만큼 책을 읽어주지 못했다.

그리고 세 번째 책의 바다가 온 요즘은 오빠가 유치원에 가고 난 뒤에도 책을 읽어달라고 해서 열심히 읽어주고 있다. 둘째아이는 또 어떤 가지들을 펼치고 나갈지 너무나 기대된다.

이제 고작 30개월이 된 아이는 오빠와 영어로 말을 주고받고 있다. 어느새 엄마인 내가 알아듣지 못하는 수준까지 이르렀다. 내가 첫째아이에게 동생이 뭐라고 했는지 물어보았더니, 첫째아이는 아무렇지도 않게 영어로 대답해 주었다. 그 말마저 알아들을 수 없어서 "엄마는 그 말도 못 알아듣겠어."라며 다시 물어봐야 했다. 그제서야 첫째아이가 우리말로 무슨 뜻인지 번역해서 알려주었다.

두 아이가 영어로 '여우야, 여우야, 뭐 하니?' 놀이를 하길래, 기특해서 동영상을 찍고 있었는데 아이들이 엄마도 같이 하자고 했다. 난 너희들이 하는 말 잘 못 알아듣겠다고 하자, 첫째아이가 정성스럽게 종이에 써서 알려주었다. 그 종이에 적힌 것을 보고 읽으며 아이들과 함께 놀았던 적도 있다.

첫째아이는 두 돌쯤 영어책을 읽었고 여섯 살쯤 《The 13-Story Tree House》 챕터북 시리즈를 줄줄 읽는 정도였지만, 영어로 이야기는 잘하지 않았다. 영어로 말해봤자 받아주는 사람이 없었기 때문이다. 그러다 동생이 영어로 이야기를 하기 시작하면서 많은 놀이를 함께 하고 있다.

아이들은 영어로 숨바꼭질, '여

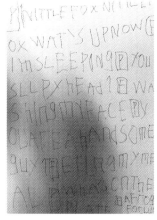

'여우야, 여우야, 뭐 하니?' 영어 대사.

우야, 여우야, 뭐 하니?', 피크닉놀이, 보물찾기, 병원놀이, 블록쌓기, 줄넘기놀이, 잡기놀이, 책 읽기(첫째아이는 직접 읽고, 둘째아이는 외워서 읽거나 그림을 보고 상상해서 읽는다) 등을 하며 논다. 싸울 때조차 영어로 주고받는 아이들을 보며 아이는 무한계임을 느낀다. 둘째아이 또한 아주 기본적인 중국어 회화를 할 수 있고, 많은 이야기를 알아듣는다.

아이에게 한계가 없다는 것을 이야기해 주고 싶은 마음에서 적어보았다. 아이에게 어떤 한계도 주지 말고 각자 좋아하는 것을 좋아하는 방식대로 확장해 주면 된다. 부모는 아이가 좋아하는 것을 더 좋아할 수 있는 기회를 제공하기만 하면 되는 것이다. 그것이 공룡이든 공주든 그림 그리기든 퍼즐이든 큐브든 보드게임이든 말이다.

한글떼기 이후에는 아이의 관심 분야에 관한 책을 넣어주거나 체험학습, 교구 등 확장을 도와줄 수 있는 도구만 쥐어주면 된다. 그러면 아이가 스스로 자신이 좋아하는 것을 알아내고 배운다. 또한 자기 주도적이고 내면이 강한 아이로 성장한다.

책의 주제가 한글떼기다 보니, 다개국어 노출에 대해 언급하는 게 조심스럽기도 하지만, 우리 아이들의 다개국어 노출 과정을 궁금해하는 독자를 위해 간단하게 소개하고자 한다. 한글떼기나 다개국어나 기본 방침은 같다. 아이에게 부담을 주지 않고 즐겁게 꾸준히 하면 된다.

♠ 아이가 좋아하는 것을, 좋아하는 방법으로 꾸준히!

아이가 좋아하는 것을, 좋아하는 방법으로 꾸준히 하는 것이 전부라고 해도 과언이 아닐 정도로 중요한 사실이다. 지금부터 소개하려는 모든 방법이 이 말에 속해 있다고 봐도 된다.

첫째아이가 뱃속에 있을 때부터 영어 동화책을 읽어주었고, 영어 동요 CD를 꾸준히 들었다. 둘째아이 또한 첫째아이가 틀어놓은 외국어 CD를 뱃속에서부터 들었고, 한창 퇴행을 하던 첫째아이에게 내가 많은 책들을 읽어주면서 둘째아이는 자연스럽게 다양한 언어를 접할 수 있었다.

그 때문인지는 모르겠지만, 두 아이 모두 음악과 책을 무척 사랑하는 아이로 자라고 있다. 나는 음악과 책만큼 제2외국어와 친해지는 방법은 없다고 생각한다.

특히 동요는 엄마가 기초적인 외국어 회화가 되지 않아도, 책을 읽어줄 수 없다고 해도 외국어를 노출해 줄 수 있는 최고의 방법이다. 나의 경우, 영어 이외의 다른 외국어 책들은 읽어줄 수 없었다. 그러다 보니 동요를 틀어주는 것 말고는 마땅히 노출해 줄 수 있는 방법이 없어서 오직 CD만 틀어주었다. 하지만 지금 와서 생각해 보니 그 기간이 다른 언어에 대해 충분히 귀가 뚫리는 기초를 쌓는 기간이었던 것 같다. 아이가 처음 엄마 아빠와 이야기를 할 때까지 1년이라는 시간이 걸리듯이 말이다.

엄마가 아이를 품에 안고 직접 책을 읽어주는 것이 좋지만, 만약 그것이 힘들다면 세이펜을 적극적으로 활용해도 된다. 요즘은 세이펜이 적용된 책들이 무척 많다. 간단히 인터넷에 검색만 해도 많은 종류의 책을 구입할 수 있고, 공구 카페에서도 다양한 외국어 책들을 구입할 수 있다.

⬆ 모든 아이는 달라서 접근하는 방식도 다르다

대부분의 아이들은 언어를 배울 때 '듣기 - 말하기 - 읽기 - 쓰기'의 과정을 거친다고 한다. 그런데 첫째아이의 경우 '듣기 - 읽기 - 말하기 - 쓰기'로 언어를 받아들였다. 한글은 큰 문제가 없었는데, 영어처럼 예외가 많은 언어는 아이 마음대로 발음해서 걱정이 들기도 했다. 그럴 때는 그저 '다름'을 인정하고 기다려줄 수밖에 없다.

첫째아이는 '한국어 → 영어 → 중국어' 등으로 언어를 차례차례 배워나갔고, 아웃풋 또한 언어를 배운 차례로 나왔다. 하지만 둘째아이는 처음부터 다개국어 환경에 노출되어 있던 탓인지 여러 언어를 동시에 받아들였고, 아웃풋 또한 동시에 터져나왔다. 지금은 중국어도 말문이 트이려고 시동을 걸고 있다. 간단한 회화뿐 아니라, 내가 하는 말이나 동영상에서 나오는 말들도 모조리 따라 뱉으며 언어방을 차곡차곡 쌓아가는 중이다.

⬆ 간단한 말이라도 매일매일 외국어로 말을 걸어준다

아주 간단한 말이라도 아이에게 매일매일 외국어로 말해 주자. 발음이 좋지 않아서, 부끄러워서, 영어를 잘 몰라서라는 핑계

는 접어두는 것이 좋다. "굿모닝(Good morning!).", "짜오샹 하오 (Zaoshang hao).", "おはよう(오하요)."처럼 인사말이라도 매일매일 걸어주자.

나는 부끄러움이 많아서 영어로 말하기를 극도로 꺼리는 사람이었는데, 아이에게만큼은 부끄럽지 않았다. 내가 발음이 틀리더라도, 문법이 틀리더라도 지적하지 않으리라는 걸 무의식적으로 알아서 그랬던 것 같다.

물론 바깥에서 아이가 외국어로 말을 걸면, 얼굴에 철판을 깔고 외국어로 대답해 주는 깡다구는 필요하다.

♠ 엄마도 아이와 함께 즐겁게 배워라

나는 영어를 싫어하는 사람이었다. 영어 발음은 다 뭉개져서 들렸고, 아이들 동화책에 나오는 단어조차 모르는 경우가 종종 있었다. 게다가 중국어는 'ni hao, xiexie, wo ai ni' 말고는 하나도 몰랐다. 하지만 아이와 함께 그 언어들을 배우겠다는 생각으로 함께 했다. 모르는 단어는 사전을 찾아보았고, 아이와 들으면서 따라 해보고 배웠다.

엄마가 외국어에 대해 막연한 두려움이 있거나 어렵다는 인식을 갖고 있으면, 그 언어 자체를 주는 것이 어려울 뿐 아니라, 아이도 엄마처럼 무의식 속에 다른 언어는 어렵고 두렵다는 인식을 갖게 된다.

엄마가 외국어를 재미있고 즐거운 것으로 받아들이고 있다는 것을 보여주는 것이 중요하다.

🏠 미디어를 적절히 활용하라

나는 TV나 동영상을 노출해 줄 때 대부분 외국어로 틀어주었다. 요즘 아이들이 좋아하는 대표 인기 캐릭터의 경우, 한국어 버전뿐만 아니라, 영어, 중국어 등 다양한 버전이 동시에 존재하기 때문에 그런 것들을 선별하여 노출해 주었다.

책을 구입할 때, 내용이 DVD로 구성되어 있는 제품을 구매하는 것도 좋은 방법이다. 요즘은 애니메이션 DVD뿐만 아니라, IPTV나, 유튜브 등에서도 다양하게 외국어 콘텐츠들을 만나볼 수 있다. 다만 유튜브는 무분별하게 동양상이 제공되므로 유튜브 내에 설정을 제한하거나 유튜브키즈앱을 활용하여 건전하게 유튜브를 즐길 수 있도록 해야 한다.

미디어는 양날의 칼처럼 느껴지는데, 기본적으로 부모와 애착 관계가 좋고, 다른 활동으로도 충분한 즐거움을 가지는 아이들의 경우 미디어 중독에 빠질 위험이 거의 없으니 적절하게 활용하는 것도 좋은 방법이다.

🏠 아이가 원할 때 하는 것이 바로 적기교육

나는 기본적으로 책육아를 지향하는 사람이었기 때문에, 학원이나 방문 수업 등에 대한 선입견이 있는 편이었다. 아이가 관심 있어 하고 재미있어하는 것을 더 좋아하고 몰입할 수 있게 기회를 주는 것, 또 최대한 엄마인 내가 해줄 수 있는 것을 해주면서 꾸준히 즐겁게 노출만 해주자고 기준을 세웠지만, 아이와 나의 실력 차이가 커지면서 아이는 답답해하기 시작했다.

네이버 사전도 아이의 궁금증을 모두 해소해 주지는 못했다. 첫째아이는 급기야 울음을 터뜨리며 방문 선생님을 불러달라고 했다. 참 많이 망설여졌다. 비용도 비용이지만, 아이가 원할 때 하는 즐거운 놀이 방식이 아닌, 정해진 시간에 정해진 내용을 배운다는 것이 무엇보다 싫었다. 내가 추구했던 것은 아이가 하고 싶을 때, 아이가 하고 싶은 것을, 아이가 하고 싶어 하는 방식으로 진행하되, 아이가 그만두기를 원하면 언제든지 그만둔다는 것이었기 때문이다. 하기 싫은 수업을 억지로 진행했을 때, 아이들은 배움에서 더 이상 즐거움을 느끼지 못할 뿐 아니라, 학습까지 거부하게 될 거라는 선입견이 있었다.

그런데 첫째아이가 끈질기게 중국어 선생님의 방문 수업을 원해서, 일주일에 한 번 30분씩 중국어 수업을 받게 해주었다. 아이는 수업을 받으면서 너무나 행복해했고, 일주일 중 가장 기다리는 시간 또한 중국어 수업을 받는 시간이 되었다. 지금은 30분 수업이 너무 짧아 한 시간으로 늘린 상태다. 비록 일주일에 한 번 짧게 수업을 받았지만 빠르게 중국어를 습득했고, 1주일에 30분씩 3년 동안 들어야 하는 수업을 1년 만에 마스터하고 주니어 과정도 중간부터 건너뛰어 진행하고 있다.

엄마의 바람이나 욕심 등으로 억지로 시키는 방문 수업이 아니라, 아이가 원하는 수업을 아이가 원할 때 듣게 해준다면, 그것은 조기교육이 아닌 적기교육임을 깨닫게 되었다.

이상이 나와 두 아이의 다개국어 노출 과정이다. 두 아이 모두 다개국어를 한다고 해서 무언가 거창하고 특별한 방식이 있을 것이라고 기대했다면 실망스러운 글이 되었을지도 모르겠다. 그저 자신이 할 수 있는 것을 꾸준히 실천하는 것! 바로 그것이 가장 빠르고 위대한 방식이라는 것을 강조하고 싶다.

우리 아이들이 열광적으로
좋아하며 읽었던 책 목록

지금부터 소개하려는 책들은 지극히 개인적인 우리 아이들의 취향임을 밝힌다. 처음에는 어떤 책을 골라야 할지 몰라 방황하게 마련이지만, 몇 번 골라보면 금세 감이 잡힐 것이다. 아이가 어릴 때는 다양한 종류의 책을 접하게 해주고, 아이의 관심사에 따라 조금씩 확장해 주면 된다.

아이가 좋아하는 분야의 책(창작동화, 수학동화 등)을 골라도 좋고, 아이가 관심 있어 하는(공룡, 자동차 등) 사물이나 동물에 대한 책을 고르는 것도 방법이다. 좋아하는 화풍이나 작가의 책을 선택해도 좋다. 아이가 좋아하는 책을 직접 고르게 해보자.

첫째아이의 경우, 창작동화와 수학동화를 좋아했다. 그 외 자동차나 미로, 알파벳, 기호 등에도 관심이 많았다. 워크북이나 문제집 푸는 것을 좋아해서 책을 살 때 그런 점도 고려하는 편이다. 무엇보다 책에 대한 호불호가 확실해서, 자신의 책은 스스로 고른다. 엄마 입장에서는 좀 더 다양한 종류의 책을 접하게 해주고 싶지만, 억지로 보라고 해도 볼 아이가 아닌 것을 알기에 지금은 아이가 좋아하는 것을 더 좋아할 수 있게끔 수학동화를 중점적으로 들이고 있다.

창작동화 · 생활동화

책명	출판사	책명	출판사
푸름이까꿍그림책	푸름이닷컴	돌잡이한글	천재교육
사랑둥이 아기그림책	나무와햇살	곰곰이	더큰, 몬테소리
둥둥아기그림책	길벗어린이	뽀뽀곰 생활놀이책	웅진주니어
푸름이짝짜꿍그림책	푸름이닷컴	뉴도담세계첫아기그림책	아이교육
마술피리그림책꼬마	웅진	신기한 한글나라 읽기 그림책	한솔교육
개똥이책	보리	샤방샤방그림책	별똥별
프뢰벨뽀삐시리즈	프뢰벨	피콜로재미그림책	알에이치 코리아
월드픽처북	교원	리틀차일드애플	슈타이너
쥐돌이 시리즈	아람	꼬마미키	꼬마미키
프뢰벨 영아 테마동화	프뢰벨	마술피리그림책어린이	웅진
차일드애플창작동화	스마일북스	테마동화수상작가시리즈	한국삐아제
탄탄세계테마동화누리북	여원미디어	피리부는 카멜레온, 꿈상자	키즈엠
네버랜드우리걸작그림책	시공주니어	11마리고양이시리즈	꿈소담이
지원이와병관이 시리즈	길벗어린이	누구 그림자일까?	보림
보아요 시리즈	사계절	사과가 쿵!	보림
깜깜해 깜깜해	비룡소	뚜껑 뚜껑 열어라	시공주니어
까꿍놀이	보림	뭐하니?	길벗어린이
다섯발가락	키즈엠	아빠는 곰돌이야	책읽는곰
두근두근 엘리베이터	파란자전거	지구를 다 먹어버린 날	뜨인돌어린이
아기 고양이의 사계절	뜨인돌어린이	동생이 미운 걸 어떡해!	국민서관
꽃밭	파랑새어린이	눈밭	파랑새어린이
배꼽손	한권의책	나도 나도	웅진주니어
괜찮아	웅진주니어	시리동동 거미동동	창비

책명	출판사	책명	출판사
어디가 이상해?	북뱅크	우리 아기 까꿍!	시공주니어
엄마를 도와요 시리즈	아름다운 사람들	키다리 아기 동요 보드북 시리즈	키다리
아기 고양이가 야옹	창비		

인성동화 · 감성동화

책명	출판사	책명	출판사
푸름이달님그림책	푸름이닷컴	감정은 다 다르고 특별해!	미세기
꼬까신 아기그림책	웅진주니어	헤밍웨이인성교육동화	한국헤밍웨이
그림책이좋아	글뿌리	베이비커뮤니케이션	두산동아
꿈땅17초동화	북그래	푸름이행복한성교육동화	푸름이닷컴
안녕마음아	그레이트	모르는 척 공주	책읽는곰
너는 어떤 씨앗이니?	책읽는곰	마음아 안녕	책읽는곰
공룡 유치원 시리즈	크레용하우스	공룡학교 시리즈	크레용하우스
안 돼, 데이빗!	지경사	유치원에 간 데이빗	지경사
기분을 말해 봐!	웅진주니어	착한 아이 들춰보기책 시리즈	삼성출판사

캐릭터 시리즈

책명	출판사	책명	출판사
뽀로로 시리즈	키즈아이콘	뽀로로감성그림동화책	키즈아이콘
뿡뿡이 시리즈	애플비	내친구페파피그	예림아이
와글와글꼬꼬맘	꿈소담이	구름빵 애니메이션	한솔수북
치로와 친구들 집으로 가는 여행	키즈아이콘		

놀이북

책명	출판사	책명	출판사
크아앙! 공룡이다	스마트베어	뒤뚱뒤뚱 안녕?	블루래빗
음매, 누구게?	애플비	모여라 농장동물	애플비
척척 아저씨와 총총이의 생일 잔치	베틀북	척척 아저씨와 총총이	베틀북
콩콩콩 손도장 놀이책	키즈아이콘	아가야 좋은 꿈꾸렴	애플비
쑥쑥 자라요	웅진주니어	치카포카, 딩동딩동	애플비
동그라미가 좋아요	애플비	우리집 피아노	스마트베어
애벌레꿈틀이	보림	어흥! 나는 사자야	애플비
알록달록 숨바꼭질	웅진주니어	뽀로로와 세계의 동물	키즈아이콘
숨바꼭질그림책	애플비	아가손따닥책 꿀벌	애플비
코오코오 잠자요	스마트베어	스마트패드 동물백과	삼성출판사
스마트패드 탈것백과	삼성출판사	안녕하세요?	애플비
아기코끼리 코야	블루래빗	탬버린을 찰찰찰	애플비
입속에 아	삼성출판사		

백과사전 · 도감

책명	출판사	책명	출판사
21세기학생백과	서울문화사	나의 첫 포유동물도감	초록아이
브리태니커비주얼 사이언스백과	한국브리태니커회사	진짜진짜 재밌는 그림책 시리즈	부즈펌
고양이도감	진선출판사	봄 · 여름 · 가을 · 겨울 식물도감	진선아이
우리풀 백과사전	현암사	나의 첫 국어사전	초록아이
이야기가 있는 어린이 첫 한글사전	YBM		

수학동화

책명	출판사	책명	출판사
돌잡이수학	천재교육	푸름이 배꼽수학	푸름이닷컴
10 곱하기 10	바람의아이들	잘잘잘 123	사계절
도와줘, 빨래맨!	그레이트키즈	눌러 보아요	웅진주니어
시계 탐정 123	책읽는곰	똑똑 박사 에디 수학 시리즈	키즈아이콘
숫자야 어디 있니?	뜨인돌어린이	알파벳 마을에 놀러온 숫자 친구들	노란우산
해리와 공룡 친구들의 시계놀이	대교출판	숫자 전쟁	파란자전거
숫자 1의 모험	봄나무	100층짜리 집 시리즈	북뱅크
시계 그림책1,2	길벗어린이	123 숫자동화	애플비
손으로 몸으로 123	문학동네	장난꾸러기 숫자	토마토하우스
웅진꼬마수학동화	웅진	탄탄수학동화	여원미디어
123 첫걸음 수학동화 시리즈	아이세움	여우별 수학동화 시리즈	파란
수똑똑수학동화	한국헤르만 헤세	사탕수수 수학동화	이수
스토리수학	비룡소	수다쟁이수학동화	한국삐아제
팝콘수학동화	원더랜드	느낌표 수학동화	을파소
무적의 수학탐험대1~6	초록아이	개념씨수학나무	그레이트북스
스토리텔링 개념수학	한국톨스토이	창의폭발 엄마표 창의왕 수학놀이	로그인
초등 1,2학년 수학동화1~7	뭉치	초등 3,4학년 수학동화1~7	뭉치

자연동화 · 과학동화

책명	출판사	책명	출판사
세밀화로 그린 보리 아기그림책	보리	호기심아이	한솔교육
마이퍼스트북룸	한솔교육	꼬마생태북	현대출판사
글로벌과학탐구자연관찰	교연아카데미	교과서와 함께하는 365 피시스 자연관찰	도서출판세종
불과 소방관	아이세움	샘의 신나는 과학1~4	시공주니어
신기한 스쿨버스 키즈	비룡소	신기한 스쿨버스 콜디건1~10	비룡소
원리과학동화	아이교육	수과학개념동화	교원
반딧불과학그림책	웅진닷컴	똘망똘망생태과학동화	포에버북스
꼬마박사의 신기한 발견	아이세움	똑똑똑과학그림책	웅진
아이빛지식그림책	웅진주니어	why과학학습만화 시리즈	예림당
엉덩이탐정 시리즈	문학수첩	마법의 직업호야, 내 꿈을 다 펼쳐줘!	초록아이
마법의 실험아, 과학을 다 알려줘!	초록아이	공룡박물관	초록아이
뽀삐 그림 과학책 시리즈	베틀북	깨미의 공룡 탐험대	연두비
꼬맹이 자연방	한국몬테소리	쿵쿵 공룡들1~20	재미북스

전래동화 · 세계명작

책명	출판사	책명	출판사
한국우수전래동화	한국헤밍웨이	요술램프세계명작	아람
팥죽 할머니와 호랑이	보림	그리스로마신화	아이숲

세계 · 문화

책명	출판사	책명	출판사
먼나라 이웃나라	김영사	롤리팝 세계문화	이수

자동차

책명	출판사	책명	출판사
달려라, 붕붕	웅진주니어	타세요 타세요	여우고개
부릉부릉씽씽 시리즈	별똥별	기차 ㄱㄴㄷ	비룡소
덜컹덜컹 기차	한림출판사	말놀이 그림책	애플비
찾았다! 대단한 자동차	홍익키즈	탈것은 다 다르고 특별해!	미세기
화물 열차	시공주니어	자동차 박물관	초록아이
탈것 박물관	초록아이	난 자동차가 참 좋아	비룡소
부릉부릉 아저씨의 빨간 자동차	한림출판사	아빠! 나 자동차 잘 그리지?	꿈터
자동차를 실어 나르는 카 캐리어	깊은책속 옹달샘	윙윙 붕붕 박사	베이비 아카데미
날쌘 자동차	아이방	힘센 자동차	아이방
타요타요 세계의 자동차	아람	뛰뛰빵빵 핸드북	별동별
붕붕 탈것들 21~30	재미북스	사람과 짐을 실어 나르는 탈것	아이세움

부모 사랑

책명	출판사	책명	출판사
아기몸놀이그림책1, 2, 3	시공주니어	아빠한테 찰딱	보림
엄마랑 뽀뽀	보림	사랑해 사랑해 사랑해	보물창고
사랑해 자장자장 사랑해	보물창고	사랑해 모두모두 사랑해	보물창고
넌 사랑받기 위해 태어났단다	보물창고	너는 기적이야	책읽는곰
아침마다 뽀뽀	키득키득		

작가

작가	책명	출판사
최숙희	너는 기적이야	책읽는곰
	모르는 척 공주	책읽는곰
	너는 어떤 씨앗이니?	책읽는곰
	마음아 안녕	책읽는곰
	누구 그림자일까?	보림
캐롤라인 제인 처치	사랑해 사랑해 사랑해	보물창고
	사랑해 자장자장 사랑해	보물창고
	사랑해 모두모두 사랑해	보물창고
	넌 사랑받기 위해 태어났단다	보물창고
안나 클라라 티돌름	보아요 시리즈	사계절

신체

책명	출판사	책명	출판사
몸은 다 다르고 특별해!	미세기	두근두근 우리 몸이 궁금해	블루래빗
우리 몸이 너무 궁금해	초록아이	뼈	한림출판사

똥 · 방귀

책명	출판사	책명	출판사
응가해요	중앙출판사	내 똥 예쁘죠?	블루래빗
응가, 뿌지직 뿡!	큰북작은북	강아지똥	길벗어린이
아이스크림 똥	살림어린이	엉덩이 친구랑 응가 퐁!	푸른숲주니어
누가 내 머리에 똥쌌어?	사계절	학교에서 똥이 마려우면?	노란우산
똥 똥, 무슨 똥?	노란우산	너도 뿡 나도 뿡 방귀 뿡뿡	노란우산
도와줘요, 응가맨!	노란우산	방귀쟁이 며느리	한국슈타이너
뿌지직 똥	을파소	방귀 기차 롤리	찰리북

동시

책명	출판사	책명	출판사
말놀이동시집1~5	비룡소	말놀이동요집1,2	비룡소
초코파이 자전거	비룡소	말문이 탁 트이는 의성어 동시	애플비
말문이 탁 트이는 의태어 동시	애플비		

찾기 · 미로

책명	출판사	책명	출판사
너도 보이니?1~9	달리	보물 미로	꿈꾸는달팽이
숨은그림찾기1~5	보물섬	미로대탐험1~5	보물섬
엄마와 함께 미로찾기 1~6단계	은하수미디어	창의왕이 되는 추리상상 퀴즈100	진선아이
집중력놀이 지도 속 미로 찾기	어스본코리아	집중력놀이 세계 여행 속 미로 찾기	어스본코리아

완벽하게 하지 않아도 괜찮다

　마지막으로 모든 엄마들에게 하고 싶은 말이 있다. "모든 것이 다 괜찮다."라는 말이다. 완벽하지 않아도 괜찮다는 이야기를 꼭 해주고 싶다. 우리 모두 잘하는 것도 있고 못하는 것도 있다. 만약 어떤 실수나 잘못을 했다면 아이에게 진심으로 사과하고 또 나아가면 된다. 부모는 어른이므로 충분히 책임질 수 있는 힘이 있다. 또한 선택할 힘이 있다.

　더불어, 자신이 하고 있는 일을 스스로 인정해 주라고 당부하고 싶다. 과거의 나를 포함한 많은 엄마들이 자신이 하고 있는 것은 인정하지 못하고, 하지 못하는 것에만 초점을 맞추고 있다. 각자 할 수 있는 것을 하고, 하지 못한다고 해서 가슴 아파하지 말자. 우리는 이미 충분히 좋은 엄마다.

　아이의 한글떼기는 일상 속에서 얼마든지 할 수 있다. 하지만 그 기간을 아이와 얼마나 즐겁게 하느냐도 중요하다. 단순히 한글을 노출해서 뗄 수도 있지만, 이왕이면 아이에게 다양한 놀이와 재미를 선물해 주는 건 어떨까? 여러 재미있는 놀이를 통해서 엄마와 끈끈한 유대 관계를 형성하고, 또 부모와 아이에게 잊지 못할 추억을 준다는 점에서 나는 놀이로 한글을 떼는 것을 강력히 추천한다. 엄마와 아이에게 딱 맞는 행복한 한글떼기는 반드시 존재한다.

매일 노는 것으로 시작해서 노는 것으로 마무리하는 아이들의 일상에, 엄마가 알고 있는 세상을 좀 더 재미있게 알려주면 된다. 굳이 한글놀이에 국한시킬 것이 아니라, 수학, 과학, 영어, 음악, 미술, 체육, 다개국어 등 다양하게 아이와 놀이를 함으로써 아이는 스스로 가지고 있는 재능을 발견할 수 있고, 더 나아가 그 재능을 재미와 행복으로 스스로 발화시킬 수 있다.

두 아이들이 잘 자라고 있는 것은 특출나서가 아니다. 7년의 세월을 모아놓고 보니, 어딘가 거창해 보이고 어려워 보일 수도 있지만, 나도 극히 평범한 일상을 살고 있는 대한민국의 보통 엄마라는 점을 강조하고 싶다. 나 역시 실수할 때도 있고 후회할 때도 있다. 또 너무 힘들어서 쉬어갈 때도 있다. 하지만 휴식 등을 통해 내 자신의 한계와 내면을 끊임없이 돌아보고 더 행복한 길로 가기 위해 또 다시 일상을 살아간다. 과거나 미래에 살지 않고 그저 현재를 살아가는 것뿐이다. 일상은 매일 똑같은 것처럼 느껴지지만, 그 일상들이 모인 힘은 실로 엄청나다. 특히 아이들의 일상의 힘은 어른의 1년과 맞먹을 정도의 힘을 가졌다.

우리 모두 다시 오지 않을 아이의 오늘을 위해서, 그리고 내 자신의 오늘을 위해서 행복한 하루를 보내자. "아이에게 무조건 다 맞춰야 돼, 이건 반드시 해야 돼."가 아니라, 너와 나, 우리 모두가 행복할 수 있는 방향을 찾아, 하루하루 현재를 누리며 살기를 바란다. 엄마이기 때문에 무조건 희생하기보다는, 내 자신과 아이를 똑같이 존중해 주고 사랑해 주면서 가는 그 일상은 분명 밝은 미래가 아닌 행복한 현재가 될 것이라고 굳게 믿으며 글을 마친다.